MANUEL

DU ZINGUEUR

AF452424

Tout exemplaire, non revêtu de ma griffe, sera
réputé contrefait.

Paris. — Imprimerie de G. GRATIOT, 11, rue de la Monnaie.

MANUEL

DU

ZINGUEUR

OU

L'ART DE COUVRIR EN ZINC

PAR

H^te GARDISSARD

ENTREPRENEUR DE PLOMBERIE ET COUVERTURES

———

PARIS

CHEZ L'AUTEUR

RUE FONTAINE-SAINT-GEORGES, N° 17

1851

EXPOSITION

DES

PRODUITS DE L'INDUSTRIE DU ZINC

19, rue Richer, à Paris.

La Société de la Vieille-Montagne a consacré de vastes salles, dans les constructions nouvelles qu'elle a fait élever, rue Richer, 19, à l'exposition permanente de tous les produits de l'industrie du zinc.

L'entrée de ces salles est publique.

On y trouvera tous les meilleurs modèles de couverture et d'ornementation, tous les renseignements et adresses des principaux et plus habiles fabricants.

Une visite dans ces salles d'exposition est une des meilleures études que puisse faire toute personne qui voudra s'occuper des applications si nombreuses du zinc.

Les ornements en zinc estampé, dont nous avons eu occasion de parler dans ce Manuel, se trouvent chez MM. H. FUGÈRE et L. GRADOS, 62, rue Amelot, à Paris.

PRÉLIMINAIRES.

PERFECTIONNEMENTS APPORTÉS A LA FABRICATION ET AU LAMINAGE DU ZINC.

Expériences déjà faites sur la manière de le travailler. — Consommation croissante. — Nécessité d'un apprentissage pour le métier de zingueur. — Cause des mauvais travaux. — But du Manuel.

Le zinc est connu depuis peu d'années comparativement aux autres métaux.

Un certain temps d'essai a d'abord été nécessaire pour perfectionner sa fabrication et son laminage. Les architectes et les ouvriers ont dû faire ensuite une étude spéciale de ses applications et de la meilleure manière de le travailler.

Expériences déjà faites sur le zinc. — Consommation croissante.

Maintenant l'on peut examiner des toitures en zinc faites depuis plus de cinquante ans et qui n'ont subi aucune altération grave.

Toutes preuves, toutes expériences des qualités

et des défauts de ce métal ont donc été faites ; et si, dès l'abord, le zinc a pris un rang des plus importants dans la consommation, on peut être sûr que cette marche envahissante progressera sans cesse. Ainsi, les importations en France, qui étaient en 1837 de 6,239,513 kilogrammes, se sont élevées en :

1839 à   8,093,400 kil.
1840   9,626,800
1843   10,363,900
1844   12,495,700
1845   13,752,400
1847   14,551,000.

De l'emploi de ce métal est née une nouvelle industrie, celle du *zingueur*.

Nécessité d'un apprentissage pour le métier de zingueur.

Cette industrie, comme toutes les autres, exige un apprentissage et des études spéciales. On n'est pas plus facilement bon zingueur que bon plombier, bon charpentier, et il faut apprendre *le métier*.

Dans diverses localités, on n'ose pas entreprendre un travail en zinc, parce que l'on manque d'ouvriers spéciaux. Ce genre de travail est souvent mal fait, coûte cher et ne réussit pas. On s'en prend au métal, lorsqu'il n'y a qu'inexpérience de ceux qui l'emploient ou abus de numéros trop faibles.

Causes des mauvais travaux.

Le mauvais travail et l'ignorance sont les plus grands ennemis du zinc.

L'ouvrier doit savoir bien calculer les effets de la dilatation, la coupe des feuilles, la solidité des attaches. Il doit être muni d'un bon outillage et ne pas chercher un bénéfice illicite en employant des feuilles de zinc moins épais qu'il n'est nécessaire.

But du Manuel.

Les économies et les avantages réels du métal commencent à être appréciés par tous ; les habitudes routinières perdent du terrain chaque jour. Néanmoins, il nous a semblé que quelques conseils pratiques et l'exposé des meilleures méthodes de travail du zinc seraient intéressants pour tous les constructeurs et ouvriers.

MANUEL
DU ZINGUEUR

CHAPITRE I.

QUALITÉS DU MÉTAL. — SES AVANTAGES POUR DIVERS EMPLOIS, COMPARATIVEMENT AUX AUTRES MÉTAUX.

Comparaison avec la tôle et le plomb. — Comparaison avec le cuivre. — L'oxyde de zinc dispense le métal de toute peinture. — Comparaison avec le fer-blanc. — Tôle galvanisée, ses mauvais résultats. — Résistance, ténacité. — Légèreté.

Le zinc participe un peu des qualités de tous les métaux, et c'est pour cela qu'il remplace chacun d'eux avec avantage dans tout ou partie de ses emplois.

Comparaison avec la tôle et le plomb.

La feuille de zinc est plus malléable que celle de tôle, et cependant assez résistante pour s'agrafer. Elle ne se détruit pas par l'oxydation et n'a pas besoin d'être peinte tous les ans. Enfin la vieille tôle n'a plus de valeur ; le zinc conserve plus de 45 0/0 de son prix.

La feuille de zinc, plus légère que celle de plomb, peut se souder comme elle et être employée à de bien plus faibles épaisseurs.

Comparaison avec le cuivre.

Le prix du cuivre est quatre fois celui du zinc ; puis le cuivre a le grave inconvénient, pour les objets de ménage, pour les toitures, etc., de former un oxyde très dangereux, le vert-de-gris.

Les eaux pluviales, recueillies sur des toits en cuivre ou en plomb, contiennent des sels vénéneux, d'une action très nuisible. En effet, les oxydes qui se forment à la surface de ces métaux se dissolvent dans l'eau. Au contraire l'oxyde qui se forme sur le zinc reste insoluble, adhérent à la feuille comme un vernis, et, au bout de quelques jours, il n'augmente pas d'épaisseur, résiste aux chocs et à la griffe mieux que le métal lui-même et protége, pour ainsi dire, toute la feuille de zinc.

L'oxyde de zinc dispense le métal de toute peinture.

Voici ce qui en est dit dans un rapport à l'Académie :

« Le directeur du Conservatoire des Arts et Métiers, voulant examiner jusqu'à quel point le zinc laminé peut être employé en couvertures, fit, il y a trente ans, les observations suivantes :

« Il examina chaque jour quel effet produisaient sur ce métal les variations de l'atmosphère :

« Il reconnut :

« 1° Qu'après les premières pluies, le zinc s'est couvert d'un oxyde blanc sur toute sa surface ;

« 2° Que le vent et les pluies subséquentes n'ont enlevé que la couche supérieure et superficielle de cet oxyde, dont une partie a résisté et est restée adhérente à ce métal ;

« 3° Que, dans l'espace de trois mois, il s'est formé successivement de nouvelles couches d'oxydation de plus en plus légères sur les parties qui avaient été d'abord le moins oxydées, et à la fin il ne se formait plus d'oxyde ;

« 4° Après le quatrième hiver passé, il s'est formé, sur toute la surface, une espèce de vernis naturel ou d'émail d'un gris blanc et mat, sur lequel les eaux pluviales coulaient sans produire aucun effet. Ce vernis, à la couleur près, ressemble beaucoup à l'oxyde qui se forme sur le bronze, et que l'on nomme patine, et à la couche brune qui se forme sur le plomb. »

Comparaison avec le fer-blanc.

Le fer-blanc est fabriqué en petites feuilles qu'il faut réunir par des soudures, dès que l'on veut obtenir une grande surface.

Il est beaucoup plus raide et moins malléable que le zinc.

Il se rouille promptement.

Son prix est plus élevé que celui du zinc.

Les rognures de vieux fer-blanc n'ont aucune valeur : le vieux zinc, comme on vient de le dire, conserve la moitié environ de la valeur du métal neuf.

Tôle galvanisée. — Ses mauvais résultats.

La tôle galvanisée ou zinguée n'offre qu'une superposition d'une faible couche de zinc sur sa surface.

Par la différence de dilatation des métaux, au bout de peu de temps il se forme à la surface des feuilles de tôle de petites poches, des boursoufflures qui crèvent; l'eau pénètre alors jusqu'à la tôle qui se couvre de taches de rouille et se crible de petits trous.

Il est bien incontestable, du reste, que dès l'instant où le zinc est l'élément destiné à garantir la tôle de l'oxydation, on obtiendra un meilleur résultat en prenant plus d'épaisseur de zinc, c'est-à-dire une feuille même, plutôt qu'une espèce de peinture de zinc qui n'a pas d'épaisseur appréciable et manque complétement d'adhérence avec le métal qu'elle couvre.

Les mauvais résultats de la tôle galvanisée commencent à être si connus, qu'on y a renoncé dans les principaux établissements qui l'avaient adoptée ; ainsi, pour le grand hôpital de la République, en construction près du chemin de fer du Nord, à Paris, on avait décidé d'abord l'emploi de la tôle galvanisée. Les devis ont été changés, par suite d'expériences, et le zinc a été choisi pour remplacer la tôle galvanisée.

Enfin, la tôle galvanisée coûte 25 % plus cher que le zinc.

Résistance. — Ténacité.

La ténacité du zinc est représentée par 1098 , tandis que celle du plomb n'est que de 27. 7.

Le zinc est donc quatre fois plus résistant que le plomb.

Légèreté.

La densité du zinc est de 7. 190, celle du plomb est de 11. 352. Le zinc est donc 1 fois et demie plus léger que le plomb.

Ainsi, une feuille de zinc qui n'aura qu'un quart de l'épaisseur d'une feuille de plomb, offrira la même résistance et solidité.

Son poids ne sera que le sixième de celui d'une feuille de plomb.

En raison de ces circonstances, la feuille de zinc ne coûte que le cinquième du prix de celle de plomb, et devient moins souvent le but d'un vol.

Aussi maintenant le plomb est-il abandonné pour couverture ; en Belgique, par exemple, l'administration des chemins de fer belges a déjà remplacé le plomb par le zinc sur les terrasses de plusieurs bâtiments des stations.

1.

CHAPITRE II.

ÉTATS DIVERS DANS LESQUELS LE ZINC EST LIVRÉ AU COMMERCE.

Zinc brut. — Marques les plus estimées. — Aspect d'un zinc bon et pur. — Prix de vente. — Zinc laminé. — Tarif. — Emploi des divers numéros du zinc laminé. — Marques d'un bon zinc bien laminé. — Zinc perforé, ses emplois divers. — Zinc cuivré, argenté, doré, étamé. — Fil de zinc. — Clous de zinc. — Chevilles de zinc.

Le zinc est livré au commerce :

1° En plaques ou lingots dits *zinc brut ;*

2° En feuilles laminées de diverses épaisseurs et dimensions, dites *zinc laminé ;*

3° En feuilles laminées, percées régulièrement selon divers dessins, dites *zinc perforé ;*

4° En *fils ou baguettes de zinc* de toutes grosseurs;

5° A l'état de *clous de zinc* de toutes dimensions.

Zinc brut.

Le zinc brut est de première ou de deuxième fusion.

Celui de première fusion a beaucoup plus de valeur que l'autre.

Il est plus pur, étant extrait directement du mi-

nerai de zinc, tandis que celui de seconde fusion
provient de la refonte des vieux zincs et des rognures de zinc, dans lesquelles il y a toujours de la
soudure, du plomb, de l'étain qui altèrent la qualité
du métal, le rendent aigre, cassant et impropre au
laminage.

Il ne peut plus servir que pour faire des alliages
ou des objets en fonte de zinc, ou obtenir du blanc
de zinc de qualité inférieure.

Celui de première fusion sert aux fondeurs pour
produire le laiton, rivalise avec le bronze pour la
fonte d'objets d'art, des statues, d'ornements d'architecture ; enfin, il sert à la fabrication du zinc
laminé.

Marques les plus estimées.

Les marques les plus estimées sont celles de la
Vieille-Montagne en Belgique (V***M) (fig. 1) et
de certaines usines de la Silésie.

Fig. 1.

Les plaques ou lingots de zinc brut pèsent de 20
à 35 kil. environ. Celles de la Vieille-Montagne
portent sur l'une des faces la marque V***M ou le
mot *Vieille-Montagne*.

On doit se défier de toutes plaques de zinc non
marquées. Elles peuvent être du zinc de deuxième
fusion.

Aspect d'un zinc bon et pur.

L'aspect d'un zinc bon et pur se reconnaît à la cassure; les facettes sont larges, brillantes et longues. Le grain du métal ne doit pas ressembler à celui de l'acier, dont le grain est fin et très serré.

Prix de vente.

La vente se fait par cent kilog. ; le prix varie en moyenne de 45 fr. à 55 fr. les 100 kil.

Zinc laminé.

Le zinc se lamine en feuilles de toutes dimensions et épaisseurs.

La dimension la plus usitée est celle de $0^m 80^c$ sur $2^m 00^c$. On fait des feuilles plus longues ou plus larges sur commandes.

L'épaisseur des feuilles est indiquée par un numéro à l'un des angles de la feuille.

Le numéro 1 est la plus faible épaisseur.

On reconnaît le numéro, c'est-à-dire l'épaisseur d'une feuille de zinc, au moyen d'un calibre comme

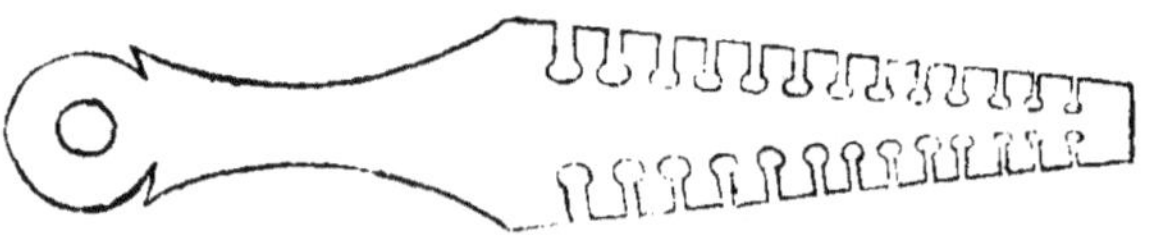

Fig. 2.

celui représenté figure 2, ou encore comme celui que représente la fig. 3.

Fig. 3.

Chaque feuille de zinc bien laminé doit entrer
dans le même numéro du calibre sur tous les côtés ;
celles de même dimension et numéro pèsent à peu
près toutes le même poids.

On peut demander des calibres et des tarifs de
numéros à tous les dépôts et usines de la Vieille-
Montagne.

Voici le tarif des dimensions courantes :

TARIF DE ZINC LAMINÉ

EN DIMENSIONS MÉTRIQUES

Avec le poids des feuilles de chaque numéro dans les diverses dimensions.

NUMÉROS.	Epaisseur DES FEUILLES en CENTIÈMES de MILLIMÈTRES	DIMENSIONS ET POIDS DES FEUILLES					POIDS du MÈTRE CARRÉ [2].		OBSERVATIONS.
		POUR DOUBLAGE DES NAVIRES [1].		POUR TOITURES ET AUTRES EMPLOIS.					
		Largeur, 0m 55c Longueur, 1m 15c — Ancien 13/42	Largeur, 0m 40c Longueur, 1m 50c — Ancien 14/48	Largeur, 0m 50c Longueur, 2m » — Ancien 18/72	Largeur, 0m 65c Longueur, 2m » — Ancien 24/72	Largeur, 0m 80c Longueur, 2m » — Ancien 30/72			
10	0,00051	» »	» »	3k 45	4k 45	5k 50	3k	45	1 Les épaisseurs ordinairement employées pour doublages sont celles des numéros 15, 16 et 17; il ne s'en emploie pas de plus
11	0,00060	» »	» »	4 05	5 30	6 50	4	05	
12	0,00069	» »	» »	4 65	6 10	7 50	4	65	
15	0,00078	» »	» »	5 30	6 90	8 50	5	30	
14	0,00087	» »	» »	5 95	7 70	9 50	5	95	

		0ᵐ 402		0ᵐ 520		1ᵐ 000		1ᵐ 300		1ᵐ 600			
15	0,00096	2k	65	3k	40	6	55	8	55	10	50	6	55
16	0,00110	3	»	3	90	7	50	9	75	12	»	7	50
17	0,00123	3	40	4	40	8	45	10	95	13	50	8	45
18	0,00136	3	75	4	90	9	35	12	20	15	»	9	35
19	0,00148	4	15	5	35	10	30	13	40	16	50	10	30
20	0,00166	4	55	5	85	11	25	14	60	18	»	11	25
21	0,00185	»	»	»	»	12	50	16	25	20	»	12	50
22	0,00202	»	»	»	»	13	75	17	90	22	»	13	75
23	0,00219	»	»	»	»	15	»	19	50	24	»	15	»
24	0,00237	»	»	»	»	16	25	21	10	26	»	16	25
25	0,00256	»	»	»	»	17	50	22	75	28	»	17	50
26	0,00266	»	»	»	»	18	80	24	40	31	»	18	80
Surface de chaque feuille dans les diverses dimensions.		0ᵐ 402		0ᵐ 520		1ᵐ 000		1ᵐ 300		1ᵐ 600			

minces pour cet u-sage. Les dimensions de 0ᵐ,35 sur 1ᵐ,15 sont employées dans les ports de l'Océan. Celles de 0ᵐ,40 sur 1ᵐ,30 sont employées dans les ports de la Méditerranée.

Les épaisseurs au-dessous du numéro 10, sont employées pour le satinage des papiers ; elles sont d'un prix plus élevé que les numéros or-dinaires.

2 Un mètre cube de zinc pèse 7,000 kilogr. : ainsi, une feuille de 1 mètre carré sur 1 millimè-tre d'épaisseur, doit peser 7 kilogr.

On doit admettre une tolérance de 25 décagram. en moins dans le poids de chaque feuille.

Comme nous le disions :

On peut laminer des feuilles n°s 8, 9, etc., soit d'épaisseurs plus faibles et des feuilles n°s 27, 28 et plus fortes.

On obtient facilement des feuilles de 1 mètre de largeur et de 3 et 4 mètres de longueur. La Vieille-Montagne a mis à l'exposition de 1849 des feuilles du numéro 30 au numéro 1, ayant une longueur de 5^m sur une largeur de 1^m.

Emploi des divers numéros de zinc laminé.

N°s 1 à 8. — Les feuilles en numéros très faibles du n° 1 au n° 8, s'emploient pour la perforation, pour les cribles et tamis en zinc. Leur prix et leur fabrication sont exceptionnels.

N°s 8 et 9. — Ces numéros, dont les dimensions et le prix sont encore exceptionnels, s'emploient pour le satinage des papiers. On apporte à cette fabrication spéciale les soins les plus minutieux, pour obtenir un grain d'une grande finesse et une surface parfaitement unie.

Ils s'emploient encore pour l'estampage et la fabrication des petits objets en zinc, tels que miroirs, porte-mouchettes, éteignoirs, tabletteries, et tous autres objets légers désignés sous le nom d'articles de Paris.

N° 10. — Le n° 10 est très employé dans la fabrication des lampes, des lanternes et tout ce qui concerne la ferblanterie en général.

Les emballeurs l'emploient avec succès pour doubler les caisses d'emballages pour l'exportation.

On en fait des boîtes pour conserves de fruits,

des caisses à poudre, des boîtes à thé, etc., etc.

Ce numéro s'estampe encore très facilement en ornements divers pour girouettes, clochetons, etc.

Il s'applique aussi le long des murs pour préserver les appartements de l'humidité.

N° 11. — Le n° 11 est un numéro intermédiaire, sans application complétement spéciale; ses emplois se confondent avec ceux du n° 10.

N° 12. — Le n° 12 sert à la fabrication des objets de ménage, tels que seaux, brocs, arrosoirs, bains de pieds, etc.

Ces ustensiles, s'ils sont garnis en haut et en bas d'un cercle en zinc, n° 17, au lieu de fil de fer qui ronge le zinc, si le fond en a été fait avec un n° plus fort (14 ou 15), coûteront moins cher que le fer-blanc ou le fer battu, et seront d'un meilleur usage et d'une plus longue durée.

Avec le n° 12 se font aussi quelques descentes d'eau dans de petites constructions, des couvertures de hangars ou ateliers provisoires, des recouvrements de saillies, corniches, etc.

N° 13. — Le n° 13 est aussi un numéro intermédiaire, dont les emplois se confondent grandement avec ceux du n° 12, mais qui, à raison de sa plus forte épaisseur, et conséquemment de ses meilleures garanties de solidité et de durée, doit être employé de préférence.

N° 14. — Le n° 14 est spécial aux toitures; c'est celui qui doit être employé le plus généralement. Avec ce numéro, une couverture bien faite doit donner des résultats toujours satisfaisants, et durer au moins trente ans sans réparations.

Des numéros au dessous ne pourraient faire un service convenable.

N° 15. — Ce numéro, en grande dimension, est employé pour bains de siége et fonds de baignoires.

En petites dimensions, il sert pour doublages de navires aux endroits qui supportent le moins de fatigue, au milieu de la carène et au dessous de la ligne de flottaison.

N° 16. — Le n° 16, en grande surface, sert aux fonds de baignoires et aux caisses à eau pour navires. Il sert encore à la fabrication de boutons pour tailleurs.

En petites dimensions pour doublages, il s'applique à l'arrière du navire et sur la ligne de flottaison.

N° 17. — Le n° 17, en grande dimension, s'emploie pour les parois de baignoires. En petite dimension, pour doublage à l'avant des navires, où le frottement de la lame exige du doublage une grande résistance.

Nos 18, 19, 20. — Ces numéros s'emploient pour corps de pompe et pour baignoires exposées à de grandes fatigues; pour formes à sucre; enfin, pour tous les objets qui exigent une grande résistance.

Nos 21, 22, 23, 24. — On emploie ces épaisseurs pour les pompes; la garniture intérieure des cuves à papeteries; des réservoirs et cristallisoirs divers, en usage dans les raffineries, etc.; elles offrent une résistance telle qu'une caisse ainsi doublée doit durer cinquante ou soixante ans.

Conditions d'un bon zinc bien laminé.

Le zinc doit être très brillant et très uni à sa surface, sans ondulations, ni boursoufflures, ni pailles. Il doit être excessivement souple et malléable.

En prenant un coin de la feuille, on doit pouvoir la plier et la déplier plusieurs fois à angle vif, sans qu'il y ait cassure. Chaque feuille est marquée, à un des coins, de son numéro et de la désignation de l'usine qui l'a laminée. (Fig. 4.)

Fig. 4.

On doit rejeter toutes celles qui n'ont pas de marques ou qui n'ont pas de numéros. Ces feuilles pourraient avoir été faites avec des vieux zincs refondus ou coupées sur de plus grandes dimensions, et le numéro est souvent inexact quand il n'est pas accompagné du nom de l'usine. Les marques de laminage les plus estimées sont celles de l'usine de *Bray*, *société de la Vieille-Montagne*, et de l'usine de *Thierceville*, *société de Stolberg*.

Le zinc laminé se vend de 60 fr. à 80 fr. les 100 kilogr. Suivant le cours du zinc brut on a toujours le cours exact dans les dépôts de la société de la Vieillle-Montagne.

Zinc perforé. — Ses emplois divers.

Le zinc peut être perforé mieux et plus finement que tout autre métal.

Les dimensions des trous percés et leur disposition varient selon divers dessins qui portent des numéros comme désignation. (Fig. 5.)

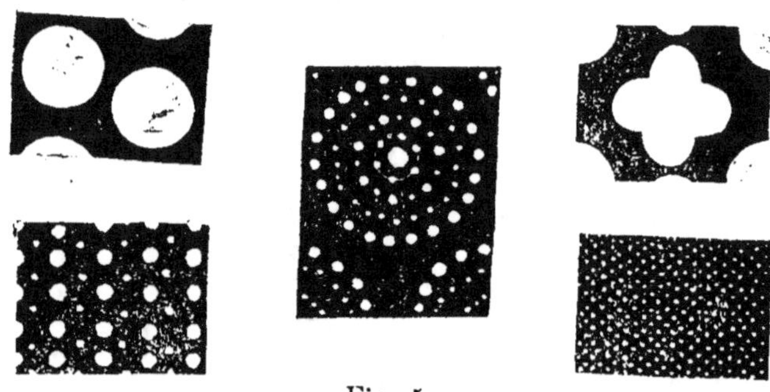

Fig. 5.

Les emplois de zinc perforé sont très répandus en Angleterre, pour garnitures de cheminées, pour châssis de croisées, ventilateurs, garde-manger, cribles à tamiser, etc.

Le zinc perforé remplace partout la tôle avec grand avantage de prix et de durée, en raison de ce qu'il n'est pas sujet à la rouille.

Le prix de vente est de 100 fr. à 150 fr. les 100 kil., selon les dessins et la grandeur des trous.

Zinc cuivré, argenté, doré, étamé.

Par les procédés de M. de Ruolz on recouvre le zinc d'une épaisseur de cuivre capable de résister à tout usage. Cette couche est parfaitement adhérente, et les frais de main-d'œuvre et de cuivrage reviennent à 30 fr. % kilos environ.

On peut voir dans les magasins de la Vieille-Montagne, à Paris, des feuilles cuivrées de 1^m sur 2^m qui tromperaient l'œil le plus exercé.

L'aspect du bronze peut être donné de même à tout objet fondu en zinc. Ce procédé de galvanisation, qui est encore peu connu, permettra de remplacer les mauvais vernis qu'on applique sur le zinc par les couleurs plus brillantes du cuivre que l'on peut bronzer de toutes manières.

M. Gosselin, cessionnaire du brevet de Ruolz pour cette fabrication, a monté des ateliers spéciaux, rue de Crussol, n° 12.

Le zinc peut de même s'argenter et se dorer très facilement.

Le zinc peut encore s'étamer pour formes à sucre et tous emplois de raffinerie.

M. Boucher, 15, rue des Vinaigriers, cessionnaire d'un brevet pour l'étamage au trempé, obtient sur le zinc un étamage semblable à l'argent.

Zinc estampé, repoussé, étiré.

Le zinc s'estampe aussi bien que le cuivre, se repousse pour l'ornementation, s'étire à toutes épaisseurs. Nous en parlerons aux chapitres spéciaux, n°s 10 et 11.

Fil de zinc.

Pour tous les ouvrages de grillages et treillis, on n'avait pu se servir jusqu'ici que du fil de fer et du fil de cuivre.

On est parvenu, récemment, à faire du fil de zinc ;
et les mêmes motifs qui ont fait substituer le zinc
en feuilles laminées aux autres métaux, pour une
foule d'emplois, devront donner de l'extension à
cette nouvelle industrie.

Botte de fil de zinc.   Fil n° 20.   Fil n° 1.

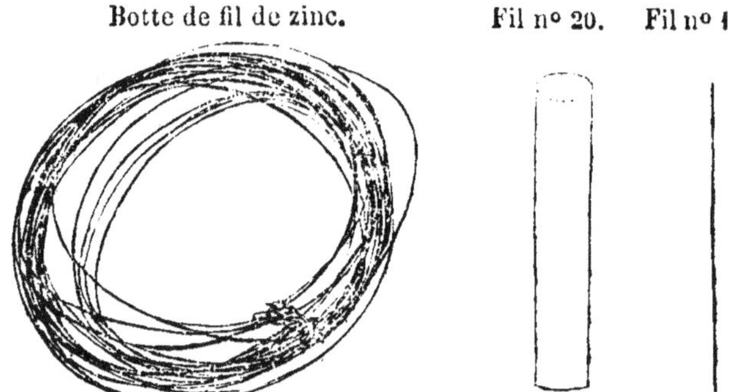

Fig. 6.

Les zincs de la Société de la Vieille-Montagne
étant éminemment malléables, *MM. Boucher et
Cie* sont parvenus à les tréfiler en conservant aux
fils toutes les bonnes qualités de souplesse et de légèreté.

Aussi le fil de zinc doit être recommandé désor-
mais par les architectes pour divers usages.

Sans promettre qu'il ait toute la ténacité du fil de
fer, lorsqu'il s'agit d'un travail qui ne doit pas supporter une trop grande résistance, son usage est
très satisfaisant. A grosseur égale, le fil de zinc n'a
pas toute la ténacité du fil de fer ; mais, à cause de
sa légèreté plus grande, on doit, si son emploi
l'exige, employer un numéro plus fort, et alors
avoir, à poids égal, une résistance égale.

Il est très doux, très malléable, son oxyde le

recouvre d'un vernis inattaquable; sans peinture, le grillage reste propre, net de toute rouille, etc.

Il est plus léger de 7 pour 100 que le fil de fer, et donne, à pesanteur et grosseur égales, une longueur sensiblement plus grande, ainsi qu'on peut s'en assurer par le tableau ci-après, pages 26-27.

Son prix de revient, comparé à celui des autres métaux, est ainsi à diminuer de 7 pour 100 environ.

Tous les ouvriers qui l'ont employé reconnaissent qu'il se travaille plus facilement que tout autre fil, et que la main-d'œuvre des grillages peut être obtenue à plus bas prix.

La dilatation par la chaleur n'altère pas plus les grillages en fil de zinc que ceux en fil de fer ou de cuivre.

Un calorifère, chez M. Boucher, est, depuis trois ans, entouré d'un grillage en fil de zinc qui n'a subi aucune altération.

Quant aux chocs et aux froissements, les grillages en fil de zinc les supportent aussi bien que ceux en fil de fer, mieux même, car, par les temps de gelée, ils cèdent et ne cassent pas.

On peut donc l'employer avec grand succès :

Pour treillis, grillages, volières, faisanderies, clôtures de jardins et parcs, entourages d'arbres, toiles métalliques, objets de passementerie, etc.

On peut le tresser en câbles pour haubans et cordes pour étendre le linge.

On fait également des cordes en fil de zinc et chanvre dont les bons résultats ne tarderont pas à être connus.

Il remplace le fil de plomb dans l'horticulture et

le fil de fer pour attacher la vigne : les mêmes liens servent plusieurs années.

On fait avec le fil de zinc des pointes de toutes dimensions qui remplacent admirablement les pointes de Paris.

Le fil de zinc se vend en bottes de 5 kilogrammes, au prix de :

Nº 1, la botte de 5 kilogrammes, à	—	—	5 fr.	40 c.
2	—	—	5	30
3	—	—	5	20
4	—	—	5	10
5	—	—	5	00
6	—	—	4	90
7	—	—	4	80
8	—	—	4	70
9	—	—	4	60
10	—	—	4	50
11	—	—	4	40
12	—	—	4	30
13	—	—	4	20
14	—	—	4	10
15	—	—	4	00
16	—	—	3	90
17	—	—	3	80
18	—	—	3	70
19	—	—	3	60
20 à 24	—	—	3	50

En province, on trouve des fils de zinc de tous les numéros chez les dépositaires de la Vieille-Montagne.

Le FIL DE FER est détruit promptement par la rouille, surtout dans les joints des mailles : si on veut le préserver quelque temps, il faut lui appliquer chaque année une nouvelle couche de peinture, et faire ainsi une dépense inccessante qui ne le garantit même pas parfaitement de la rouille, car la peinture s'écaille et tombe promptement.

On a voulu remédier à l'oxydation en galvanisant le fer, c'est-à-dire en le couvrant d'une couche de zinc qui dût le rendre inattaquable à la rouille ; mais ce préservatif a divers inconvénients :

1° La dilatation des deux métaux fer et zinc n'est pas la même : après quelque temps d'exposition à l'air, l'adhérence entre eux n'existe plus ; l'humidité atteint le fil de fer, la rouille apparaît et le détruit promptement ;

2° Le fil de fer galvanisé est très cassant ;

3° Son prix est très élevé.

Quant au FIL DE CUIVRE, l'usage en est restreint :

1° Parce qu'il est trop cher ;

2° Parce que le vert-de-gris s'y attache, et l'on sait tout le danger qui résulte de cet oxyde.

Le FIL de ZINC n'a aucun de ces inconvénients.

TABLEAU COMPARATIF

de la pesanteur du fil de zinc avec celle du fil de fer.

FIL DE ZINC.			FIL DE FER.			AVANTAGE en faveur du FIL DE ZINC.
RAPPORT DU POIDS A LA LONGUEUR.			RAPPORT DU POIDS A LA LONGUEUR.			
NUMÉROS des fils.	POIDS du fil au mètre.	LONGUEUR de la botte de 5 kil.	NUMÉROS des fils.	POIDS du fil au mètre.	LONGUEUR de la botte de 5 kil.	
	gram. c.	mèt. c.		gram. c.	mèt. c.	mèt. c.
1…………	2 21	2,262 44	1…………	2 36	2,114 44	148 00
2…………	2 97	1,683 50	2…………	3 17	1,573 36	110 14
3…………	3 63	1,378 92	3…………	3 88	1,288 71	90 21
4…………	4 63	1,080 61	4…………	4 95	1,009 91	70 70
5…………	5 60	894 45	5…………	5 99	835 93	58 52
6…………	6 65	751 87	6…………	7 11	702 68	49 19

7..........	7	49	668	68
8..........	9	03	554	20
9..........	11	41	437	80
10..........	12	»	416	80
11..........	13	89	359	97
12..........	16	99	294	29
13..........	18	65	268	13
14..........	24	88	200	99
15..........	26	07	191	79
16..........	34	66	144	26
17..........	46	06	108	53
18..........	62	18	80	41
19..........	85	40	58	54
20..........	107	14	46	67
21..........	118	09	42	36
22..........	158	91	31	46
23..........	207	32	24	12
24..........	250	»	20	»
Longueur totale.	**12,000**	**81**		

7..........	8	01	624	93	43	75
8..........	9	66	517	94	36	26
9..........	12	20	409	16	28	64
10..........	12	84	389	53	27	27
11..........	14	86	336	42	23	55
12..........	18	17	275	04	19	25
13..........	19	95	250	59	17	54
14..........	26	62	187	84	13	15
15..........	27	89	179	25	12	54
16..........	37	08	134	02	10	24
17..........	49	28	101	44	7	11
18..........	66	53	75	14	5	27
19..........	91	37	54	70	3	84
20..........	115	63	43	60	3	07
21..........	126	35	39	64	2	72
22..........	170	03	29	41	2	05
23..........	221	83	22	52	4	60
24..........	267	50	18	69	1	31
Longueur totale.	**11,214**	**89**			**785**	**92**

La moyenne du tableau d'autre part donne, pour le fil de zinc, à poids égal, une longueur de 107 mètres, quand le fil de fer ne donne que 100.

Ainsi, 24 bottes de 5 kil. de fil de zinc, n° 1 à 24, mesurent. . . . . . 12,000 m. 81 c. linéaires.

Ainsi, 24 bottes de 5 kil. de fil de fer, n° 1 à 24, mesurent. 11,214   89   id.

Avantage en faveur du fil de zinc. . . . . . 785 m. 92 c.

Clous de zinc.

Depuis plusieurs années, la vente des clous de zinc pour doublage de navires a augmenté d'une manière très rapide.

Le bas prix du zinc et les qualités qui lui sont inhérentes, entre autres celle de ne pas se détruire par la rouille, ont multiplié la consommation de toutes manières ; par suite, la Société de la Vieille-Montagne a dû faire construire un outillage spécial qui lui permît d'apporter à la fabrication des clous toutes les améliorations nécessaires.

Les clous fabriqués maintenant en zinc sont aussi solides que ceux en fer ; on leur donne toutes formes, toutes dimensions, *et leur prix de revient est de 10 °/₀ au dessous de celui des clous de fer.*

Le clou de fer paraît d'abord très tenace ; mais, au bout de peu de temps, la rouille a corrodé le bois tout autour du clou, qui se détache alors de lui-même.

Au contraire, le bois qui a été comprimé pour faire place au clou de zinc se gonfle autour de lui, et le retient vivement, sans que la rouille vienne jamais le détruire; l'adhérence ne peut être altérée.

Les clous de zinc d'une grande dimension ne pourraient s'enfoncer dans un bois dur sans qu'un trou eût été percé à l'avance, à une profondeur du tiers ou de la moitié de la longueur; mais dans les dimensions de 10 à 40 millimètres de longueur, des clous de zinc offrent toute la résistance désirable.

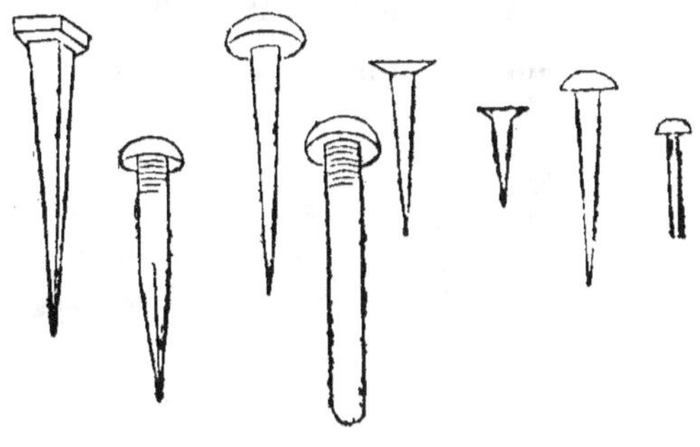

Fig. 7.

Leur emploi est excellent : pour le doublage des navires, pour la couverture des bâtiments, pour attacher le zinc sur la volige, sur tous les reliefs, bandeaux, attiques, parements de croisées, appuis de balcons, etc.

Ils peuvent remplacer avec avantage les clous fer pour fixer les ardoises.

Les tapissiers, les carrossiers, les fabricants de wagons, ont aussi avantage à les employer pour pose de tapis, pour attacher les étoffes, etc.

En résumé : 1° au même poids, *on a 7 % de plus de clous de zinc* que de clous de fer, comme l'indique le tableau d'autre part,

2.

2° Leur prix de vente est *inférieur de 10 %* à celui des clous de fer ;

3° La durée est incomparablement meilleure ; la rouille et l'humidité sont sans action sur eux.

Tous les dépôts de la Vieille-Montagne acceptent des commandes de clous de toutes dimensions, à tête ronde, plate ou fraisée.

TABLEAU COMPARATIF

De la pesanteur des clous de zinc avec ceux de fer.

LONGUEUR des Clous.	FER Clous au kilo.	ZINC Clous au kilo.	DIFFÉRENCE en faveur du Zinc. Clous en plus au kilo.
Millimètres.			
7	6000	9000	3000
11	3220	3480	260
13	2803	3030	227
15	2452	2650	198
18	1541	1665	124
21	929	680	51
23	544	590	46
25	518	560	42
27	463	500	37
28	352	380	28
30	323	344	21
32	259	280	21
34	241	260	19
36	185	200	15
38	185	200	15
40	176	190	14
42	472	510	38
Très minces.			

Les 11 à 13 millimètres, dits clous à semences, servent pour garnitures de meubles et voitures.

Les 15 à 18 millimètres, pour la pose des tapis, pour garnitures de meubles et voitures.

Les 21 à 23 millimètres sont employés pour attacher les ardoises.

Les 25 à 27 millimètres, pour couvertures en zinc.

Les 28 à 32 millimètres, pour doublages de navire.

Les 34 à 42 millimètres, clous pour la menuiserie et divers emplois de bâtiment. Avec le fil de zinc on fabrique les semences de 7 à 10 mill. — Les pointes à ardoises de 5/4 à 12/4 — les clous à couvre-joints de 40 mill. — et les pointes dites de Paris.

Chevilles en zinc.

Leur emploi en sera généralement adopté, soit pour le chevillage des ponts, soit pour l'attache des bordages, des serrages, des membrures, etc. L'oxyde du zinc ne corrode pas le bois, la malléabilité constante du métal se prête à l'élasticité du mouvement du navire, et sa ténacité, pour cet emploi, est plus forte que celle du fer en ce qu'il ne se rompt pas étant ainsi employé.

Les expériences qui ont été faites jusqu'ici pour le chevillage en zinc des navires ont parfaitement réussi.

Des chalands, qui doivent s'échouer fréquemment, ont été chevillés en zinc, et les bordages se sont parfaitement maintenus.

Le trou de la cheville en zinc ne s'agrandit pas

par la rouille ; cette cheville ne casse pas comme
celle de fer, et *son prix est à peine le tiers* de celle
de cuivre.

Elles remplacent donc avec beaucoup d'avantage
les chevilles en cuivre pour ponts de navire, etc.
Pour cet emploi il faut se servir de rondelles en
zinc et de carrés pour river les extrémités des chevilles.

CHAPITRE III.

OUTILS NÉCESSAIRES A L'OUVRIER ZINGUEUR.

Outils de l'ouvrier travaillant pour le bâtiment. — Outils employés pour la ferblanterie. — Outils employés pour le repoussage et l'estampage.

Les outils nécessaires à l'ouvrier zingueur peuvent se classer en trois catégories.

1° Outils pour travaux de bâtiment, toitures, tuyaux de descente et gouttières.

2° Outils pour les travaux d'ateliers dits de ferblanterie.

3° Outils nécessaires pour établir des repoussés et pour l'estampage.

PREMIÈRE CATÉGORIE.

Outils de l'ouvrier travaillant pour le bâtiment.

L'ouvrier ferblantier-zingueur et couvreur n'a réellement besoin que des deux premières classes d'outils, pour organiser une boutique.

Ce premier matériel ne nécessite qu'une dépense de 1,500 francs environ.

Voici les instruments qui lui sont nécessaires :

Une batte ou boursant.

Deux cisailles.

Une griffe.
Plusieurs fers à souder.
Une cuillère.
Un établi.
Une tranche.
Une bigorne.
Un emporte-pièce.
Un grattoir.
Un fourneau à souder.
Une grille.
Un tas.
Divers marteaux.
Divers mandrins et matrices.

Batte. — Petite pièce de bois d'environ 32 centimètres avec manche, sur 8 à 10 centimètres de hauteur, destinée à rabattre les bords du zinc et à lui imprimer sans danger des plis vifs et rectilignes. (Fig. 8.)

Fig. 8.

Cisailles. — Il y en a de deux espèces :
La grande est peu employée dans le bâtiment, elle sert à découper du zinc fort. (Fig. 9.)

Fig. 9.

La petite cisaille est plus employée, on s'en sert

à chaque instant pour les besoins de tous les travaux. (Fig. 10.)

Fig. 10.

Griffe. — Toutes les fois qu'il s'agit de couper
une feuille en ligne droite, on se sert d'une sorte
de burin recourbé (fig. 11) et sur lequel on peut

Fig. 11.

appuyer avec force. Avec ce burin et une règle, on
trace un trait rectiligne sur le zinc aussi profond
que possible ; en ce point, l'épaisseur du zinc se
trouve affaiblie, et en pliant la feuille, elle se casse.

Fer à souder. — Le fer à souder est une petite
masse de cuivre portée à l'extrémité d'une forte
tringle de fer. (Fig. 12.)

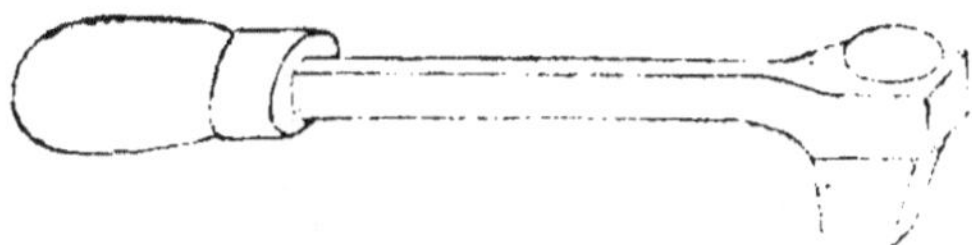

Fig. 12.

Pour s'en servir, on fait chauffer le bout de fer,
soit la petite masse de cuivre dans le réchaud à souder que nous décrivons plus loin.

On chauffe à une température un peu inférieure

au rouge, puis on passe le fer légèrement sur la plaque de soudure.

La soudure fond et quelques gouttes restent adhérentes au fer que l'on passe alors sur les endroits que l'on veut réunir.

Un peu de soudure y reste et suffit pour réunir les deux pièces.

Cuillère. — La cuillère sert à verser la soudure. (Fig. 13.)

Fig. 13.

Etabli. — L'établi est une forte et solide table percée de plusieurs trous dans son milieu pour supporter les bigornes, tranches, etc. (Fig. 14.)

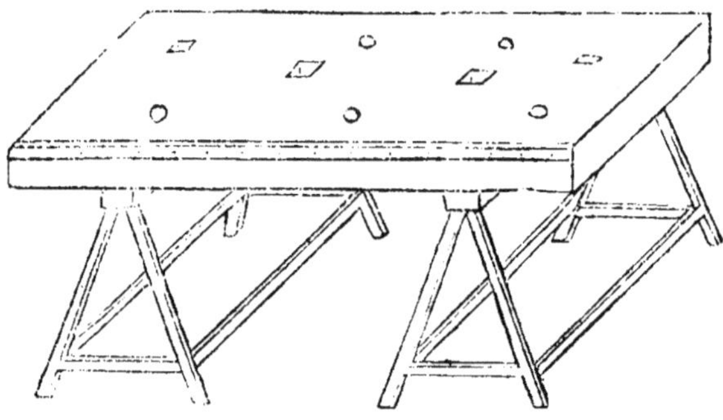

Fig. 14.

L'établi doit être garni sur l'un des bords d'une bande de fer verticale vissée solidement et dont le bord longitudinal supérieur vient affleurer la table, de manière à conserver à ce bord de table un angle vif.

Bigorne. — La bigorne du ferblantier est une enclume dont les bras sont très minces et très longs; l'un est rond et poli, un peu pointu à l'extrémité, l'autre est carré sur ses quatre faces. (Fig. 15, 16 et 17.)

Fig. 15.   Fig. 16.

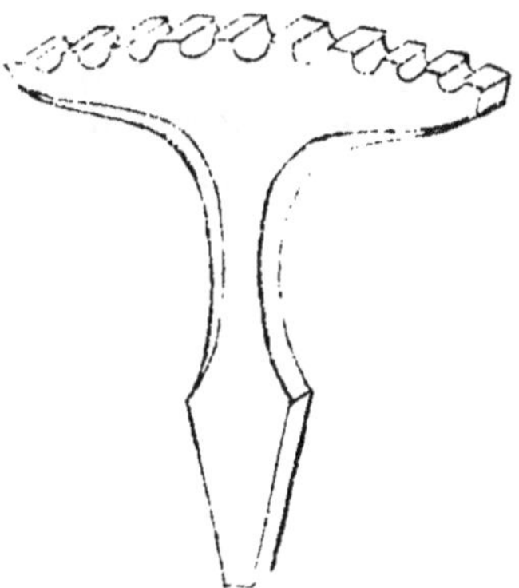

Fig. 17.

Ces deux bras sont portés sur une forte tige qui entre dans l'établi.

C'est sur la bigorne que se dressent les tuyaux, que s'achèvent les gouttières.

Certains ouvriers même cintrent entièrement les gouttières sur la bigorne.

Tranche. — La tranche est une espèce de bigorne en fer qui se place dans un des trous de l'établi ; la tranche se termine par une forte lame sur laquelle on pose le zinc quand on veut le plier à coups de battoir. (Fig. 18.)

Fig. 18.

Grille. — L'hiver, il est bon quelquefois de chauffer le zinc, mais il ne faut pas dépasser 100°, le point où la salive bouillonne en tombant sur le zinc.

Si on dépassait cette limite, le zinc serait recuit, et, une fois refroidi, il se briserait avec une grande facilité.

Pour le chauffer ainsi, on se sert d'une grille.

On appelle grille une bande de tôle de 2^m de long et percée de trous. (Fig. 19.)

On y met des charbons ardents, on expose sur ces charbons le zinc aux parties qui doivent recevoir les inflexions.

On peut encore se servir d'un réservoir à eau bouillante, dans lequel trempe la feuille de zinc ;

on est sûr, ainsi, de ne jamais dépasser la chaleur utile, et de chauffer toute la feuille également et avec économie de combustible.

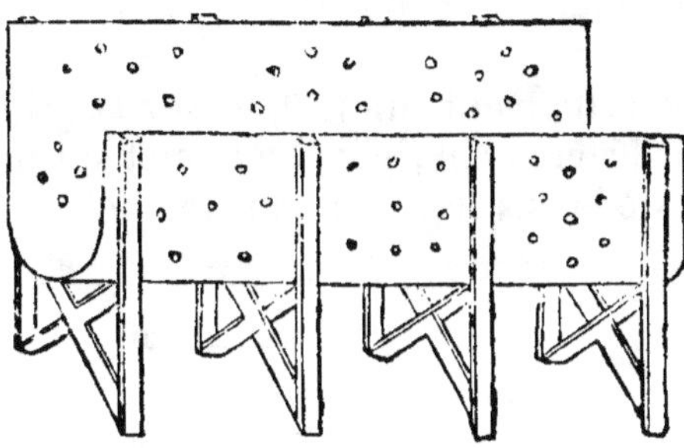

Fig. 19.

Emporte-pièce. — On fait usage de l'emporte-pièce pour enlever les calottes qui recouvrent les vis ou les clous.

L'extrémité de cet emporte-pièce doit être aciérée. (Fig. 20.)

Fig. 20.

On fait des emporte-pièces concaves qui, en découpant la rondelle de zinc destinée à recouvrir les vis de tasseaux, lui donnent la forme nécessaire pour bien envelopper la tête de la vis.

Formes à cintrer et mandrins. — Pour les tuyaux et les gouttières, on pourrait, ainsi qu'il a été dit, les faire seulement avec la bigorne et le battoir; mais on peut accélérer le travail avec des outils simples et peu coûteux, c'est-à-dire avec des mandrins ou des matrices ; voici comment on s'en sert.

On découpe le zinc en bandes de dimensions convenables au travail qu'on veut faire, gouttières, tuyaux, et autant que possible dans le sens de la longueur.

On passe cette bande un instant sur la grille pour la chauffer légèrement ; puis on la met sur une longue pièce de bois (fig. 21) dans laquelle une rai-

Fig. 21.

nure longitudinale de la forme de la gouttière a été pratiquée.

Quelques coups de battoir lui impriment à peu près la forme de cette rainure ; puis on place sur la bande de zinc dans la rainure, une pièce de bois longue et cylindrique appelée mandrin, qui peut s'emboîter dans la rainure. (Fig. 22.)

Fig. 22.

Avec le marteau sur le mandrin, on achève de donner à la feuille de zinc la forme cylindrique de la gouttière. (Fig. 23.)

Fig. 23.

Si on veut faire un tuyau, on rabat les bords du zinc autour du mandrin, de manière à l'entourer complétement, puis on réunit les deux bords par une soudure longitudinale qui achève le tuyau, d'un diamètre égal à celui du mandrin, comme celui de la gouttière était égal au diamètre de la forme à cintrer.

La gouttière, pour avoir plus de raideur et de solidité, doit avoir le long du bord extérieur un ourlet longitudinal.

Cet ourlet s'établit sur une tringle de fer comme sur un mandrin.

Pour la couverture à tasseau, on emploie des couvre-joints à arêtes vives, qui peuvent être faits sur la bigorne et la tranche, mais qui se font plus vite avec un mandrin semblable au précédent.

Pour établir ce mandrin, on fixe sur une planche deux petites planches de bois qui forment avec elle un tasseau renversé (fig. 24); on place entre les

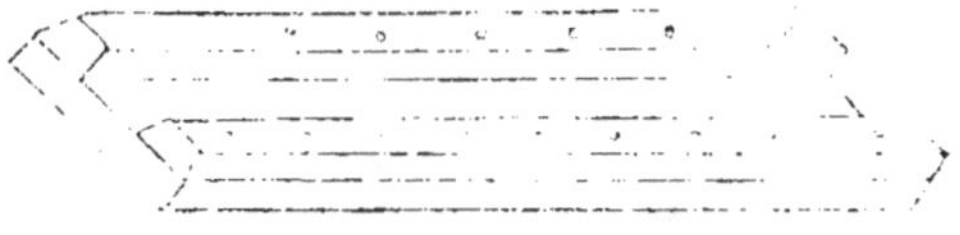

Fig. 24.

deux une bande de zinc, et, à l'aide d'un mandrin

Fig. 25.

en bois dur ou en fer (fig. 25), on l'appuie et on

lui donne la forme d'un tasseau renversé, c'est-à-dire on en fait un couvre-joint.

Ce petit appareil doit avoir, comme le précédent, 2^m de long, afin de pouvoir faire des couvre-joints de toute la longueur de la feuille.

On peut encore, pour ce travail, se servir du banc à étirer qui sera décrit plus loin.

On obtient avec lui plus de régularité, mais les frais de premier établissement sont plus chers.

Matrices.—Pour le travail des gouttières, tuyaux et couvre-joints, on peut remplacer les deux machines ci-dessus par une pièce de bois appelée matrice. (Fig. 26 pour la coupe; fig. 27 pour la longueur.)

Fig. 27.

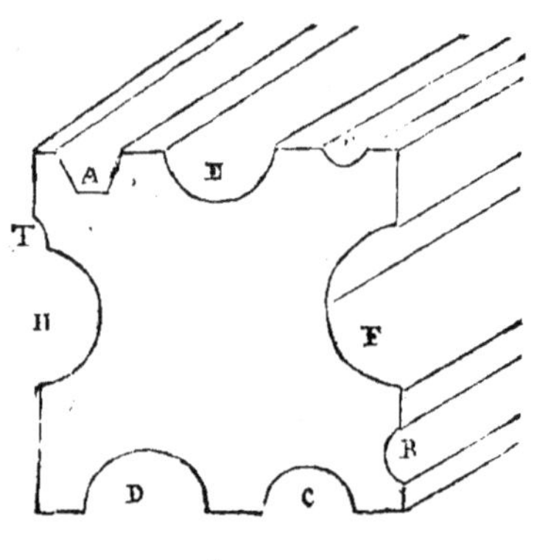

Fig. 26.

Cette matrice aura $2^m,20$ de long; quant à la force de son diamètre, la quantité des matrices en réglera l'équarrissage.

Chaque mandrin aura un excédant hors la matrice, pour servir de prise à la main.

Le profil A, avec son estampe en bois ou en fer de la même forme A, mais beaucoup plus haut, est la matrice dans laquelle le zinc destiné à faire le couvre-joint sera enfoncé après avoir été légèrement chauffé.

Les profils B, C, D, E, F, sont ceux dans lesquels on estampera les tuyaux de divers diamètres ordinairement employés ; chaque mandrin, sur lequel sont roulés divers tuyaux, aura un dépouillement d'un bout à l'autre pour en sortir facilement le tuyau qui aura été roulé dessus.

Le profil H est pour estamper les gouttières, et l'embrasure T sert à caser leur bourrelet.

Celles d'un diamètre au dessous de 22 à 25 centim. developpés, pourront être estampées dans les matrices des tuyaux.

Le profil G sert à dresser les bourrelets.

Grattoir. — Le grattoir est une plaque triangulaire, en acier fondu, dont les bords sont taillants. Cette plaque est emmanchée au milieu d'une tige de fer tenue dans un manche de bois. (Fig. 28.)

Fig. 28.

Le grattoir sert à enlever la soudure excédante, à nettoyer les feuilles.

Fourneau à souder. — Le fourneau pour souder doit être en tôle forte avec fond A élevé de quelques centimètres, pour qu'il n'y ait pas contact avec l'endroit où on le pose. (Fig. 29 et 30.)

Le socle doit avoir deux autres entailles B pour

Fig. 29.   Fig. 30.

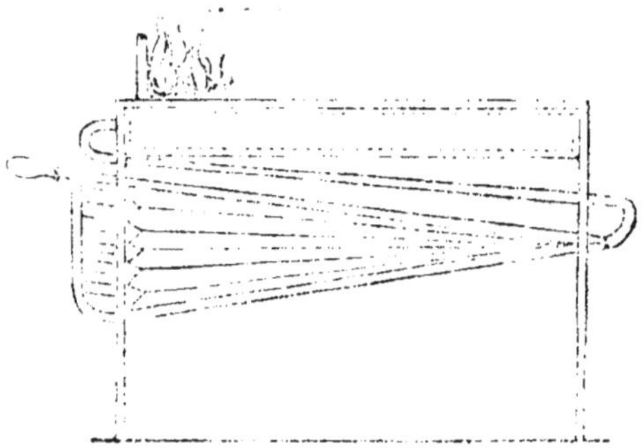

Fig. 31.

laisser circuler l'air au dessus; il faut avoir soin

que le couvercle ferme bien, pour que, dès qu'on ne s'en sert plus, le charbon soit économisé.

On peut encore se servir d'un fourneau ou forge portative de petite dimension (fig. 31), pour chauffer à la houille avec soufflet. Ce fourneau, tant à cause du combustible que par ses dispositions qui l'éloignent du pavé ou toit sur lequel il est placé, offre toute garantie contre l'incendie, et les fers y seront plus vite chauffés. Il y a aussi l'économie de la houille au charbon de bois que je crois indispensable dans le fourneau décrit en premier lieu.

DEUXIÈME CATÉGORIE.

Outils employés pour la ferblanterie.

L'ouvrier qui travaille à l'atelier emploie, pour la confection des objets de ménage, les outils décrits plus haut, à l'exception des mandrins et formes à cintrer.

Marteaux. — Il y joint une collection de marteaux, une autre d'emporte-pièces, deux tas, quelques masses en plomb, des bordoirs, des boules, un petit grattoir.

La collection complète se compose d'au moins 150 marteaux tous polis et de formes les plus diverses, pointus, ronds, carrés, ovales, etc. Ils servent à planer le zinc, à le repousser, à l'étendre pour dissimuler les soudures, et tous sont polis et doivent être entretenus brillants. (Fig. 32, 33, 34 et 35.)

3.

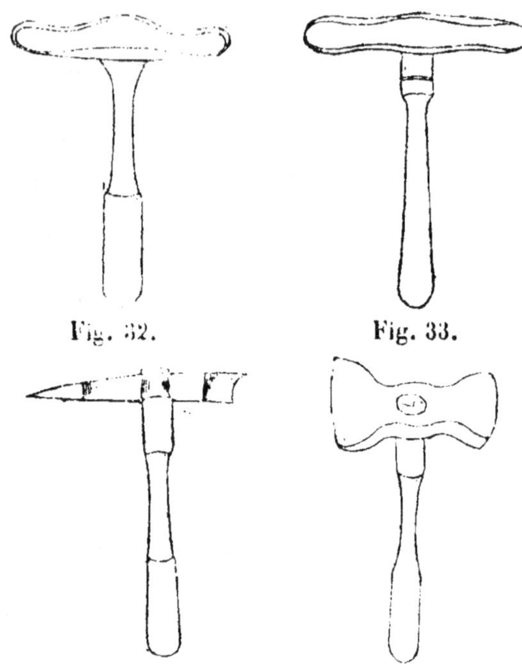

Fig. 32.   Fig. 33.

Fig. 34.   Fig. 35.

Tas. — Le tas est une sorte d'enclume carrée en acier, bien polie, qui se pose dans l'établi et sur laquelle on travaille le zinc au marteau, surtout pour le polir et le planer. (Fig. 36 et 37.)

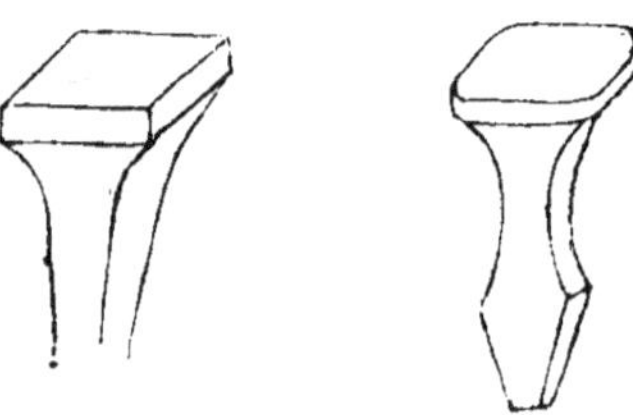

Fig. 36.   Fig. 37.

Pour le repousser ou l'emboutir au marteau, on substitue au tas une masse ou plaque de plomb fondu, sur laquelle on frappe le zinc.

Bordoir. — On emploie pour les bordures délicates un bordoir ou pièce en acier poli, terminé par un biseau.

Boule. — Pour certaines formes cintrées, on emploie des boules montées sur tringles en fer, qui se placent aussi dans l'établi. (Fig. 38.)

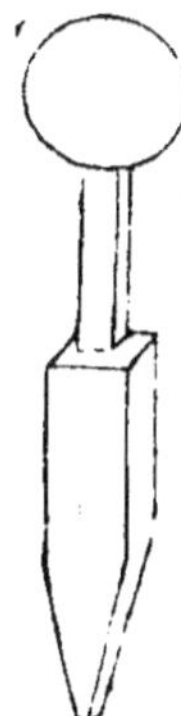

Fig. 38.

Avec ces outils on peut faire tous les travaux.

Le battoir, les marteaux, la bigorne, le fer à souder et quelques tringles ou mandrins servent à préparer les objets.

Le bordoir, le tas, la boule, les marteaux polis, etc., servent à cintrer les gorges des baignoires et des bains de siége, pour donner l'aspect brillant et perfectionner la fabrication.

TROISIÈME CATÉGORIE.

Outils nécessaires au repoussé et à l'estampage.

Tour. — Pour la majorité des ouvrages du repoussé on emploie le tour.

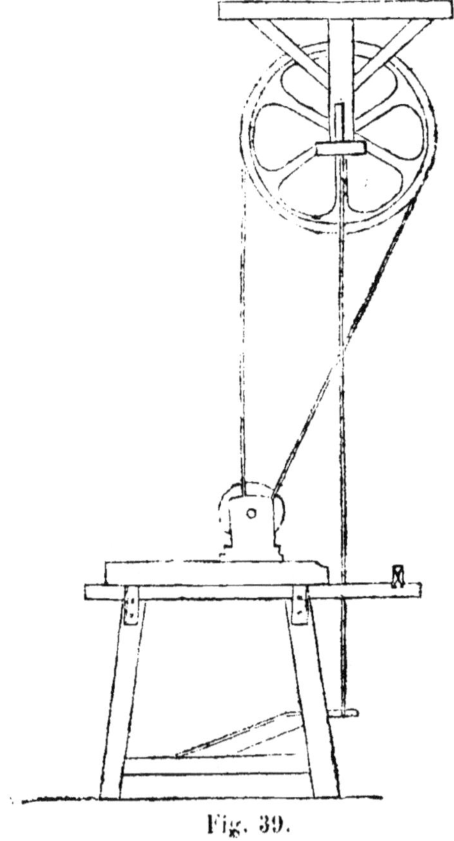

Fig. 39.

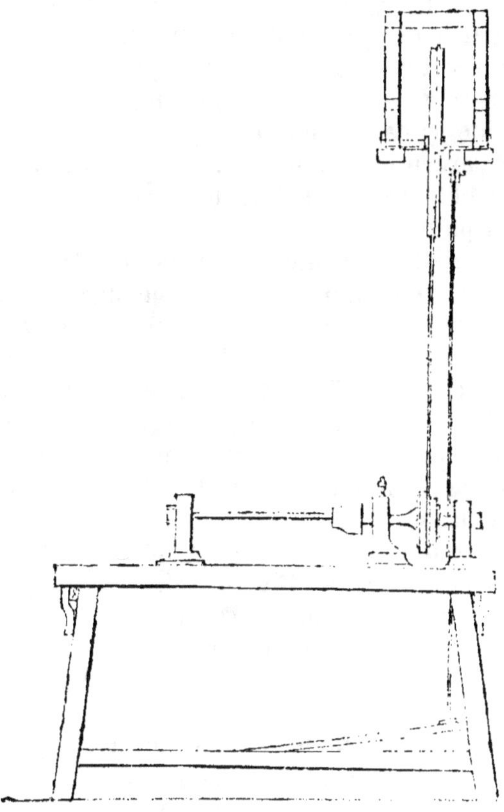

Fig. 40.

C'est au moins le moyen d'avoir un travail rapide et régulier.

Il serait superflu d'énumérer tous les travaux que l'on peut faire avec cette machine.

Ils comprennent tous les ouvrages réguliers ayant

un cintre profond, tels que cuvettes, boules et la grande partie des pièces d'un poinçon.

Chacun sait ce que c'est qu'un tour.

Pour le travail du zinc, il faut une machine forte mue au moins par un homme.

On fait exécuter en bois le modèle de la pièce que l'on veut obtenir. Ce modèle devra se démonter en plusieurs pièces.

On l'assujettit par une vis sur la petite roue qui reçoit le mouvement du tour, puis on place par dessus une feuille de zinc très forte (de grandeur proportionnée à la courbure qu'elle doit recevoir) coupée en rond et chauffée à 100 degrés sur des charbons ardents; on graisse un peu la surface du zinc; puis, un brunissoir rond d'une main et un petit morceau de bois plat de l'autre et faisant marcher le tour, l'ouvrier appuie sur la rondelette de zinc et lui imprime toutes les formes du modèle en bois.

On réchauffe les feuilles de zinc de temps en temps, si la forme à donner est très compliquée.

Il faut avoir vu le zinc obéir ainsi aux coups de brunissoir pour apprécier toute la malléabilité dont il est susceptible.

Il prend en même temps un beau poli qui s'entretient avec une grande facilité.

Toutes les formes les plus difficiles en apparence peuvent s'obtenir avec le tour.

Il faut du soin, du zinc de bonne qualité de la marque *Vieille-Montagne*, en numéros épais.

On peut obtenir ainsi en une ou trois pièces au plus la figure **A B**. (Fig. 41 et 42.)

Enfin on peut arriver à repousser des formes à sucre d'une seule pièce.

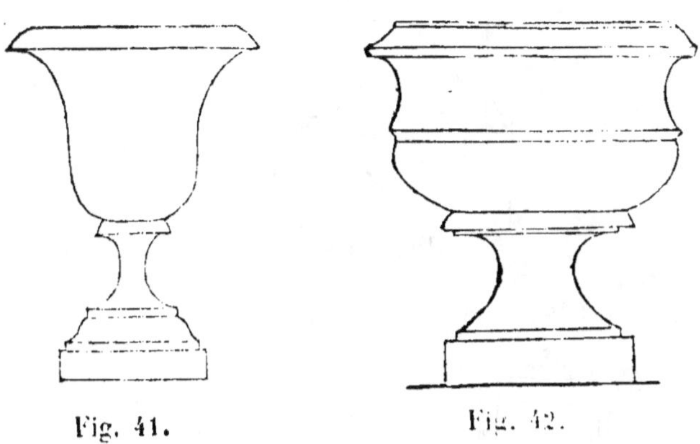

Fig. 41.   Fig. 42.

Outils nécessaires pour l'estampage.

L'estampage a pour but de repousser le zinc suivant des formes irrégulières, avec des saillies et des
creux moins profonds que ceux produits par le tour,
mais d'un dessin plus compliqué.

L'estampage se fait au moyen de deux masses
de fer ou matrices, portant, l'une en creux, l'autre
en saillie, l'objet que l'on se propose de reproduire.

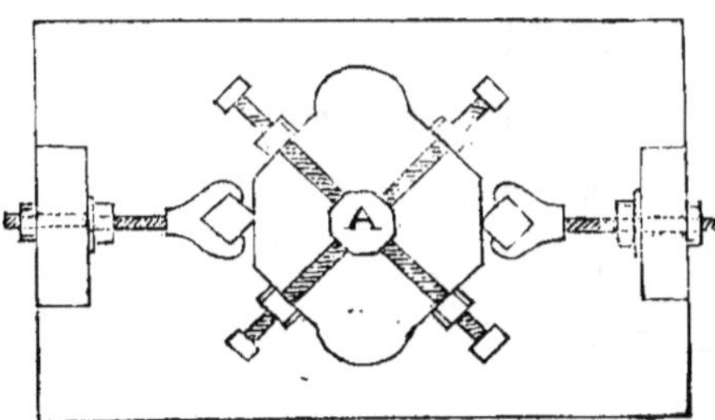

Fig. 43.

L'une de ces masses est placée à poste fixe, l'au-

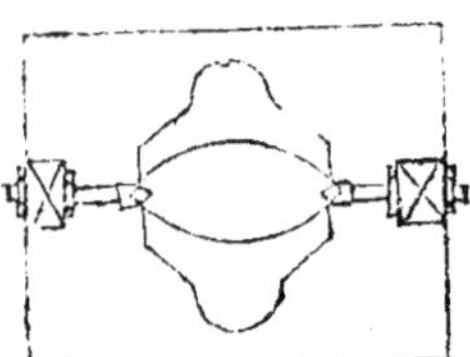

Fig. 44.

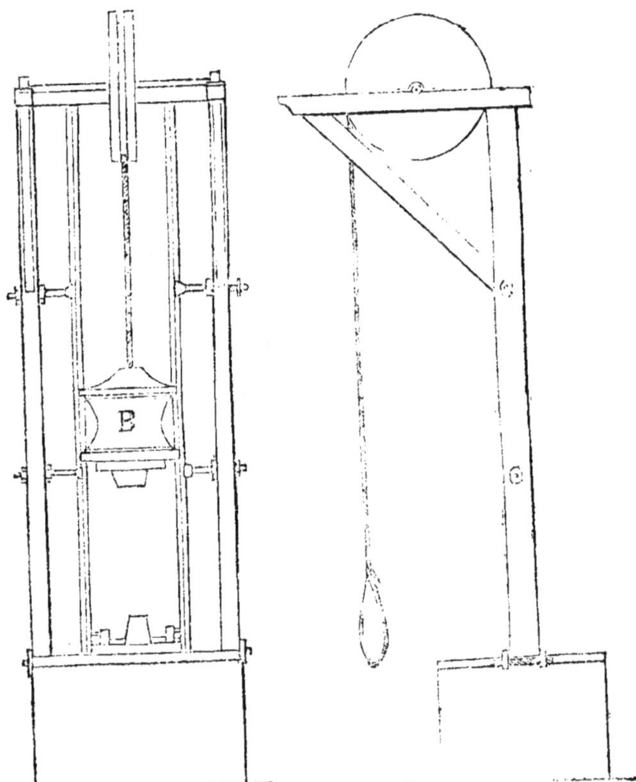

Fig. 45.

Fig. 46.

tre, mobile, vient s'emboîter dans la première et imprimer la forme à la feuille de zinc qui aura été interposée entre les deux.

La matrice creuse fixe est en cuivre, ou en fonte de fer ou de zinc. (Fig. 43.)

Celle qui est mobile et en relief est en plomb, ou en alliage de plomb et d'étain. (Fig. 44.)

Pour presser la matrice en relief contre celle en creux on peut employer soit le mouton, soit le balancier.

Le mouton (fig. 45) se compose de deux montants en bois solidement assujettis par la base.

A cette base, on place la première masse de fer dont il a été question, celle qui doit être immobile.

L'autre masse est assujettie à un billot de bois pris entre ces montants entre lesquels il glisse à frottement. Une corde, passant dans une poulie assujettie au plafond, permet d'enlever le billot. (Fig. 46.)

On chauffe la feuille de zinc à estamper, on la pose sur la matrice fixe, on enlève le billot mobile de 70 à 75 centim. et on le laisse retomber doucement d'abord, et en augmentant la force du coup à mesure que le travail avance.

Le choc imprime à la feuille de zinc la forme des matrices.

Le balancier. — (Fig. 47 et 48.) Dans le balancier, la disposition des matrices est la même ; seulement celle qui est mobile est attachée à une vis puissante, fixe, portée par deux montants en fonte, mise en mouvement par une roue horizontale à laquelle on peut imprimer un mouvement circulaire de va-et-vient.

La feuille de zinc placée sur la matrice fixe reçoit ainsi sa forme par la pression de la vis.

On peut augmenter l'impulsion donnée à la vis, en ajoutant un volant au balancier. (Fig. 49.)

On le voit, le mouton agit par le choc seul.

Le balancier agit par la pression et par le choc du volant qui se trouve brusquement arrêté.

On obtient ainsi par ce dernier instrument des formes beaucoup plus nettes et des arêtes plus vives que par le mouton.

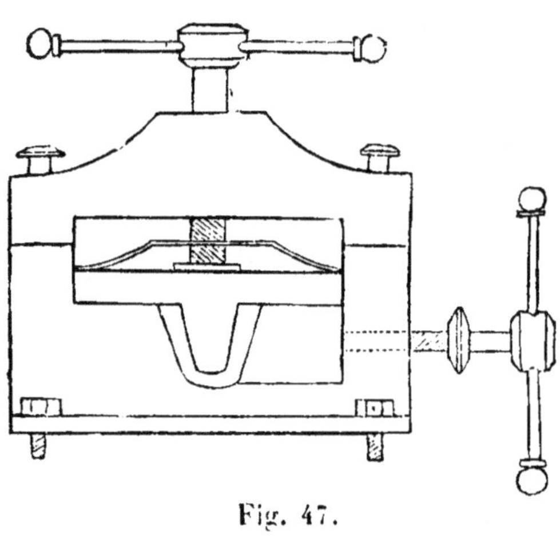

Fig. 47.

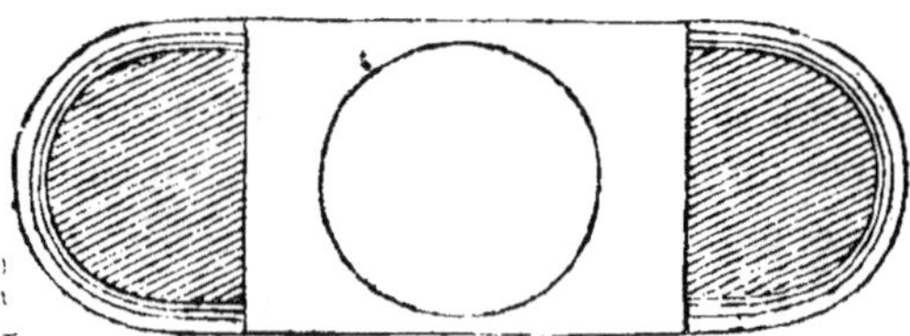

Fig. 48.

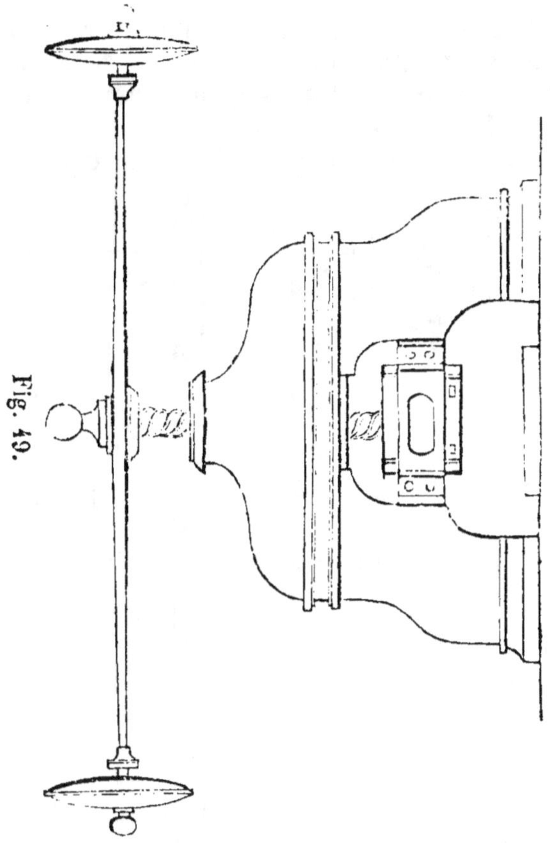

On peut se servir de ces deux machines pour établir des pièces découpées pour auvents dits marquises, moulures et ornementations de toutes sortes.

L'établissement de ces outils nécessite quelques frais pour l'achat des matrices; mais leur emploi donne beaucoup d'économie dans le travail.

Contrairement à ce qui se fait pour le tour, il est

utile d'employer du zinc mince qui se prête bien aux efforts brusques du mouton ou du balancier. Les numéros 10, 11 et 12 sont les numéros dont on se sert le plus habituellement.

Banc à étirer. — L'emploi de cette machine de-

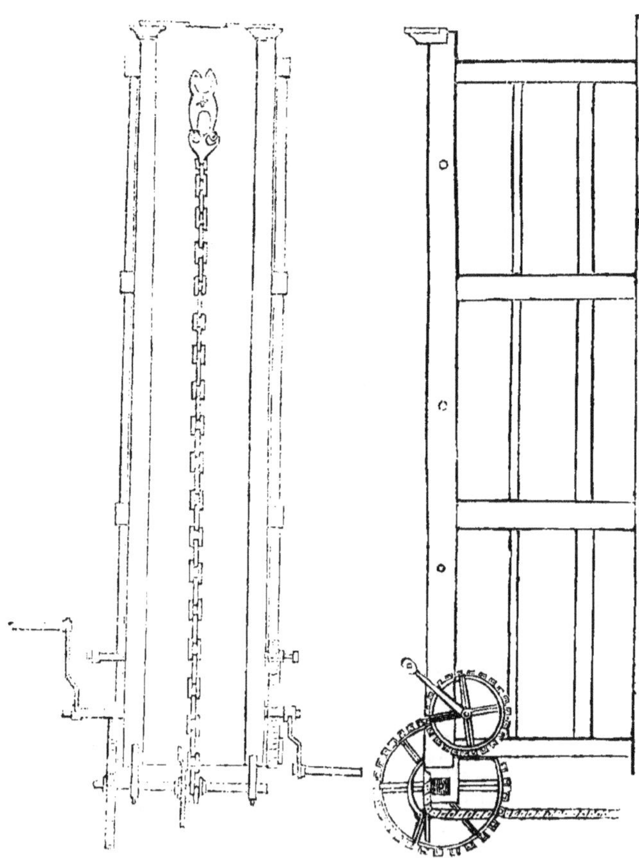

Fig. 50.   Fig. 51.

viendra bientôt d'un usage général pour le travail
du zinc. (Fig. 50, 51, 52 et 53.)

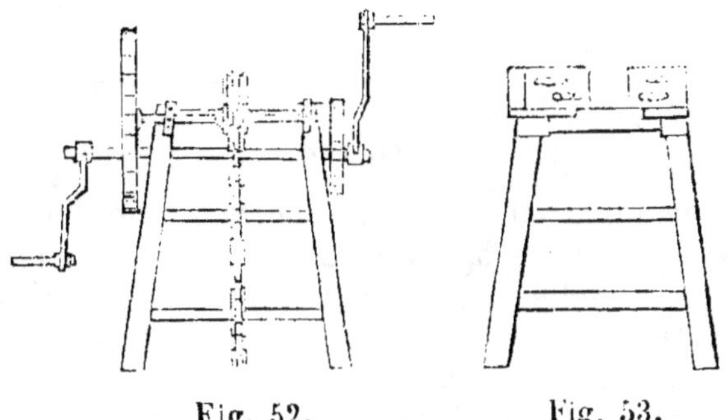

Fig. 52.   Fig. 53.

Avec elle on obtient des résultats fort remarqua-
bles.

Le banc à étirer se compose de deux longues
pièces de bois fortement unies, placées horizontalement sur des pieds et laissant entre elles un
espace vide.

Une très forte chaîne sans fin et à mailles ser-
rées, circule sur de petits galets placés dans l'espace laissé libre entre les deux poutres horizontales.

Cette chaîne vient reposer sur une roue dentée
qui pénètre dans les mailles et les entraîne avec
elle.

Cette roue est mue par un engrenage établi à
l'extrémité d'une des poutres, et dominé par une
manivelle qu'un ou plusieurs hommes peuvent faire
mouvoir.

A l'autre bout opposé et sur deux tringles en fer
solidement établies, est placée une filière qui a la

forme que l'on désire donner à la feuille de zinc.
On engage (fig. 54) dans cette filière la bande

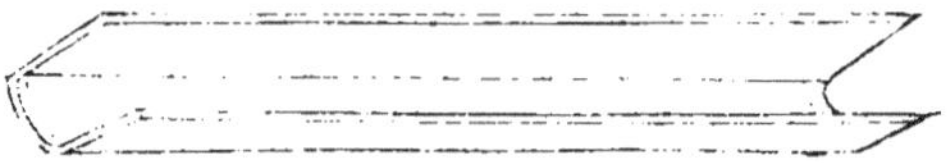

Fig. 54.

de zinc, on la saisit avec une pince munie d'un fort crochet qu'on engage dans une maille de la chaîne.

La manivelle, en tournant, entraîne, dans son mouvement, la pince et par suite le zinc qu'elle tient. Toute la bande de zinc traverse la filière et se plie à sa forme, comme ci-dessus pour un couvre-joint.

C'est avec cette machine qu'on étire le zinc en bandes et moulures de toutes formes, que l'on fait des tasseaux, des tuyaux, agrafes, des conduits de gaz, etc.

Outils du ferblantier-zingueur.

Outils à polir, à dresser, ou à planer :

Tas à dresser ou à planer (sorte d'enclume en acier poli).
Marteau à deux têtes planes et polies.
Billot pour recevoir le tas à dresser.
Maillet de bois.
Paillasson de 15 centimètres d'épaisseur.

Outils à tracer :

Compas à quart de cercle ou autres.
Calibres ou modèles en zinc, fer-blanc ou carton.
Équerre à chapeau ou autre.

Mètre.
Règle en fer.
Poinçons destinés à percer des trous.

Outils à couper :

Cisaille d'établi.
Cisailles à main de diverses grandeurs.
Cisaille à couteaux circulaires; au moyen de deux centres mobiles cette cisaille peut découper des plaques circulaires.
Pince à couper (espèce de tenaille).

Outils à percer :

Poinçons à découper des emporte-pièces de diverses formes pour ornements à jour.
Plateau ou masse de plomb pour le repoussé au marteau.
Marteau ou masse pour frapper sur les outils.

Outils à emboutir :

Marteaux à emboutir à bouts ronds.
Marteau à réparer pour dégrossir.
Martelet à manche rond.
Marteaux à emboutir en boudin.
Bigornes d'établi de diverses formes ou grosseurs.
Tour avec ses mandrins.

Outils à souder :

Réchaud en fonte ou en tôle à trois pieds.
Soufflet.
Fers à souder de diverses grosseurs.

Cuiller à soudure.
Rochoir ou boîte à résine ou à sel ammoniac.
Capsule en plomb pour l'acide hydrochlorique ou esprit de sel.
Grattoir.
Appuyoir ou pesctte en bois.

Outils à canneler :

Tas à canneler.
Banc à étirer garni de filières pour la forme à donner aux moulures.
Laminoir à canneler pour faire les boudins, les moulures, les gorges, les anses, etc.
Marteau à gorge pour unir.

Outils à replier ou à border :

Grand tas ou pied de chèvre.
Tas à ployer (espèce d'étau).
Bordoirs assortis, six.
Marteau à rentrer à lame coupante.

Outils divers pour border :

Tasseau d'établi.
Tasseaux divers.
Outil à rosette (espèce d'emporte-pièce).
Tas bruts pour battre les fers.
Pied de biche.

CHAPITRE IV.

Nomenclature des travaux qu'on peut faire en zinc laminé, tréfilé, estampé, étiré, tourné et fondu.

Bâtiments :

Auvents.
Marquises.
Auges d'écurie.
Râteliers d'écurie.
Châssis à tabatières.
Petits bois de vitres.
Lucarnes.
Châssis de vitres.
Œils de bœuf.
Cuvettes de pression pour la descente des eaux.
Tuyaux de descente.
Gouttières.
Chéneaux.
Gueules de loup.
Toitures.
Terrasses.
Escaliers.
Planchers.
Feuilles contre les murs humides.
Recouvrements d'attiques et d'entablements.
Pompes en zinc.

Ornements estampés de toute espèce pour la décoration intérieure des appartements, tels que :

Corniches.
Rosaces.
Modillons.
Patères.
Palmettes.

Ornements estampés pour crêtes ou faîtages de toits :

Balcons.
Galeries.
Clochetons.
Épis.

Ornements en zinc repoussé :

Balustres de balcon.
Boules pour toits.
Girouettes.

Ornements fondus :

Statues.
Bustes.
Bas-reliefs pour frises, etc.
Consoles.
Modillons.
Corniches.
Chapiteaux.
Vases.
Boutons de portes.
Olives de serrures.
Boules de rampes d'escaliers.
Plaques d'enseignes.
Lustres.

Flambeaux.
Pendules.
Candélabres.
Numéros de maisons.

Clous de zinc pour fixer :

Les chevrons sur la charpente.
Les voliges sur les chevrons.
Les tasseaux sur la volige.
Les feuilles de zinc sur les toits.

Clous à ardoises.
Clous de toutes formes.

Fil de zinc de toute grosseur pour :

Grillages de fenêtres.
«   de cloisons à crépir en plâtre.
Panneaux.
Cordes ou conducteurs de paratonnerres.
Cordes à étendre le linge dans les séchoirs.

Navires :

Feuilles de zinc de divers numéros pour :

Doublages de navires.
Garnitures de planchers de cuisines.
De soutes à biscuit.
Caisses à poudre et à gargousses.
«   à provisions.
Cordages dormants.
Haubans en fil de zinc.
Poulies.
Clous de zinc pour doublage.
«   Bordage.
«   Ponts.

Barreaux de zinc de toute grosseur et longueur
pour le chevillage.
Boulons.

Objets et ustensiles de ménage. (Voir la nomenclature au chap. 12.)

Grillages :

Pour jardins.
«   Claies de magnanerie.
«   Garde-manger.
«   Garde-feu.

Gravures :

Planches pour impression :
«   en Taille-douce.
«   en Musique.
Lettres découpées.
Plaques-enseignes.
Planches pour la zincographie remplaçant les
pierres lithographiques.

Papeteries :

Égouttoirs des pâtes, en zinc perforé.
Feuilles à satiner.
Tamis.

Meunerie.

Cribles et tamis de tous dessins.

CHAPITRE V.

SOUDURE DU ZINC.

Composition de la soudure. — Manière de souder. — Solidité. — Soudure à recouvrement. — Soudure limée, grattée. — Soudure bout à bout. — Soudure avec un fer au gaz. — Prix de la soudure. — Soudure au chalumeau.

Dans tous les grands travaux de zinc, il faut autant que possible éviter de souder les feuilles de zinc l'une à l'autre; le mieux est de laisser au métal sa libre dilatation qui s'opère plus facilement sur la longueur que sur la largeur.

On ne fait des soudures que pour les ouvrages dits de ferblanterie, les raccords et la confection des chéneaux, des gouttières, et la couverture de certaines terrasses très plates.

Composition de la soudure.

Le zinc se soude, comme le fer-blanc, avec les mêmes outils et la même soudure.

Cette soudure est le plus ordinairement composée de :

40 parties d'étain fin.
60 « de plomb.

Suivant la délicatesse des travaux à exécuter, elle pourrait être plus fine et contenir :

50 parties d'étain fin contre
50 « de plomb.

*

4.

Manière de souder.

Avant l'emploi de l'esprit de sel les préparatifs pour souder le zinc absorbaient un temps si long que la main-d'œuvre augmentait d'un tiers, au moins, le prix de l'objet fabriqué.

Nous ne dirons qu'un mot sur ce genre de préparation. Il fallait d'abord décaper ou gratter le zinc aux deux parties, les imbiber d'eau de sel ammoniac ou de sel en poudre, les étamer avec cette préparation et puis les souder à la résine.

Ce simple aperçu suffit pour juger de la difficulté de souder le zinc, en général, dans ses différents usages.

L'acide hydrochlorique, esprit de sel, simplifie et abrége la manière de souder, en imbibant, avec un pinceau, les deux parties sur lesquelles on fait couler, avec le fer chaud et nettoyé au sel ammoniac, la soudure que celui-ci fait pénétrer entre les deux par le va-et-vient qu'on lui fait faire sur la partie supérieure, laquelle est fortement pressée, au moment de la fusion de la soudure, par un outil, morceau de bois coupé comme la tranche, figure 18, page 38, et que l'on appelle pesette.

Cet acide, connu et employé par les ouvriers dans la manipulation du zinc, a porté successivement le nom de : acide marin, acide muriatique, acide hydrochlorique, et aujourd'hui chlorhydrique ; il a été obtenu par Glauber.

Vers la fin du dix-huitième siècle, on s'en servait pour souder le zinc. Ce métal est totalement absorbé par cet acide, duquel il résulte un chlorure métallique et un dégagement de gaz hydrogène colorique. Ainsi décomposé par le zinc, il sert à étamer les métaux ; on s'en sert aussi pour souder le fer-blanc ; mais la soudure est bien moins solide qu'avec la

résine : les cuivres se soudent très facilement par
ce procédé.

Soudure à recouvrement.

Le mode de soudure que nous décrivons est appelé soudure à recouvrement; c'est le plus com-
munément employé : son nom indique suffisamment comment il est fait. Toute la partie comprise

B
A
Fig. 55.

entre A et B (fig. 55), se trouve garnie de soudure,
ainsi que le recouvrement des feuilles.

Soudure limée, grattée et presque invisible.

Dans les ouvrages délicats, on peut gratter les
feuilles à leur jonction de manière à diminuer la
double épaisseur du zinc. (Fig. 56.) Cette opération,

A   B
Fig. 56.

qui affaiblit chaque feuille, ne fait pas sensiblement
perdre la force au zinc, et rend la soudure presque
invisible.

Soudure bout à bout.

Il y a encore un autre moyen de rendre cette
jonction presque invisible, en soudant les feuilles

B
A
Fig. 57.

bout à bout et par leur arête A B (fig. 57) : il con-

siste à renforcer et soutenir cette soudure par une
bande placée au-dessous des deux (fig. 58), assujettie

<pre>
          A B
─────────────────────────────
            C
</pre>

Fig. 58.

elle-même par une forte soudure dans toute sa largeur, aux feuilles que l'on doit souder.

On obtient ainsi une solidité égale à celle des
meilleurs modes de soudures.

Pour fondre promptement et proprement, il faut,
pour maintenir le degré de chaleur donné à l'objet,
avoir dans sa marmite deux fers qui chauffent continuellement, et dont la grosseur doit être proportionnée à la force du zinc et à la température du
dehors.

Soudure avec un fer au gaz.

On sait qu'en réunissant en un point deux parties de gaz hydrogène et une partie de gaz oxygène,
et en les enflammant à leur point de contact, on
obtient une température très forte. On a réuni dans
le réservoir d'un gazomètre ces deux gaz dans les
proportions indiquées et on a transmis ce mélange
dans les ateliers au moyen des tuyaux fixes. Devant
chaque établi d'ouvriers est ajusté, au tuyau fixe,
un petit tube en tissu élastique qni pénètre dans le
manche du fer à souder et vient se terminer dans
l'intérieur même de la masse de cuivre formant le
fer à souder proprement dit, dans un espace laissé
libre.

Lorsqu'on veut se servir du fer, on ouvre le robinet pour l'introduction du gaz et on l'allume; la

flamme vient se projeter dans l'intérieur du fer d'une manière continue et uniforme, grâce à la pression du gazomètre, et le fer acquiert bientôt une haute température qu'il conserve régulière.

Par ce procédé si simple et si ingénieux, l'ouvrier évite toute perte de temps et produit, avec une grande économie, un travail mieux réussi. Mais les détails de construction restreignent ce mode de soudure, dit *au chalumeau*, seulement aux grands ateliers de zinguerie.

Prix de la soudure.

Voici les prix payés par les architectes de Paris :

Soudure à recouvrement sur zinc neuf, 0.60 par mètre
courant.

—	—	sur zinc vieux,	0.75	—
—	—	limée, grattée,	2.	—
—	—	bout à bout,	2.50	—
—	—	*id.*, avec bande,	3.	—

Ces prix laissent à l'ouvrier un bénéfice convenable.

Soudure zinc sur zinc au chalumeau.

On a cherché, au moyen de la flamme du chalumeau, à souder *zinc* sur *zinc* sans intermédiaire de soudure de plomb ni d'étain ; ce mode de soudure réussit, mais il faut un ouvrier très habile, car les feuilles ne doivent être que légèrement fondues sur le bord pour se rapprocher ; si l'on chauffe trop, toute la feuille se recuit et devient cassante.

CHAPITRE VI.

GOUTTIÈRES, CHÉNEAUX, TUYAUX DE CONDUITE ET DE CHEMINÉE, ETC., EN ZINC.

Supériorité du zinc sur le fer-blanc.—Gouttières en zinc, leur bas prix. — Tuyaux de conduite en zinc, leur bas prix. — Manière de façonner le zinc en gouttières et tuyaux. — Chéneaux.

Supériorité du zinc sur le fer-blanc.

Le zinc doit être tout à fait substitué au fer-blanc pour les gouttières, tuyaux de conduite pour les eaux, etc. Il présente dans ces emplois de très grands avantages sous le rapport de l'économie et de la durée des travaux.

Si l'on consulte le livre de M. Morel, contrôleur près le conseil général des bâtiments civils, sur les prix de base et de règlements applicables aux travaux de bâtiments pour l'année 1846, on verra que le prix du zinc en feuilles, étant calculé au prix de 70 fr. les 100 kil. :

Gouttières en zinc. — Leur bas prix.

Les gouttières de $0^m,25$ centim. de développement en zinc n° 14, crochet compris [1], coûtent 2 fr. 30 c. le mètre courant.

Ce numéro de zinc, dont nous recommandons l'emploi, présente toutes les garanties désirables de durée.

Tuyaux de conduite en zinc.—Leur bas prix.

Les tuyaux de conduite, portant $0^m,25$ centim. et $0^m,33$ centim. de développement, collier compris, coûtent en zinc n° 14 :

Les premiers (diamètre $0^m,08$ centim.) 2 fr. 30 c. le mètre courant.

Les seconds (diamètre $0^m,11$ centim.) 2 fr. 60 c. le mètre courant.

La modicité de ces prix s'explique par le prix peu élevé du zinc comparé à celui des autres métaux qu'on pourrait lui substituer, et aussi par la simplicité des moyens dont on se sert pour le travailler.

Manière de façonner le zinc en gouttières et tuyaux.

Pour le tourner en tuyaux ou en gouttières demi-cylindriques, on se sert de pièces en bois dans lesquelles sont creusées des rainures demi-cylindriques du diamètre convenable, et, après avoir posé dessus une feuille suffisamment échauffée, on lui fait prendre la forme de la rainure, en frappant sur un mandrin cylindrique placé sur la feuille; quand il s'agit d'un tuyau, on rabat, avec un battoir en

---

[1] Les crochets ne doivent pas être espacés les uns des autres de plus de 0^m80.

bois, les bords autour du mandrin, pour leur en faire prendre la forme. (Voir au chap. 3 la fig. 81.)

Le zinc trouve encore un emploi fort avantageux, et à des prix peu élevés, pour les bandeaux, attiques, entablements et couvertures de saillie.

Chéneaux.

Voir, pour ce qui les concerne, le chapitre 7 du Manuel. (Détails d'exécution de la couverture en zinc.)

SOCIÉTÉ DE LA VIEILLE-MONTAGNE.

TOITURES EN ZINC.

TABLEAU comparatif des dépenses de Couverture pour un Bâtiment de 20m,00 de long sur 12m,00 de profondeur (deux périodes de chacune vingt-cinq années).

TUILE.

Hauteur du comble : 1/3 de la largeur.

CHARPENTE POUR LA TUILE.

DÉTAIL D'UNE FERME.

		m.	(Chêne)
L'entrait	de	5. 0 × 16. 16	0. 1280
Le poinçon	de	1. 40 × 16. 18	0. 0403
2 liens	de ch.	1. 0 × 16. 16	0. 0512
2 id. de faîtage	de ch.	1. 0 × 15. 15	0. 0450
2 blochets	de ch.	1. 0 × 16. 20	0. 0720
2 jamb. de force	de ch.	1. 40 × 18. 18	0. 0907
2 arbalétriers	de ch.	6. 70 × 16. 18	0. 3859
4 tasseaux et échantignoles			0. 1000
			0. 9131
Trois autres fermes, *idem*			2. 7393
Le faîtage de.. 20. 0 × 15. 20			0. 6000
		(Sapin.)	
4 pannes de ch. 20. 0 × 20. 20—3. 2000			
Une semelle traînante... 21. 0 × 12. 25			0. 6300
120 chevrons de ch..... 6, 75 × 10. 10—8. 1200			
		11. 3200	4. 8824

Résumé de la Charpente.

4m. 8824 cubes de bois de chêne à 111 fr. 50 c. ... 544 fr. 38 c.
11. 3200 *id.* de sapin à 90 fr. 50 c. 1,024 46

Total pour la Charpente.... 1,568 84

PREMIÈRE PÉRIODE DE VINGT-CINQ ANS.

1er ÉTABLISSEMENT. — COUVERTURE.

Tuiles neuves sur lattis neuf, 20m00 sur 14m 40 .... 288m 00
A déduire les tuyaux de cheminées : 30m 00 sur 0m 50. 15 00

Le reste....... 273 00

A 4 fr. 35 le mètre	1,187 55
L'égout de deux pièces, ensemble 40m 00, à 1 fr. 25	50 00
Le faîtage de 19m 00, à 2 fr. 30	43 70
Les ruelles et solins 74m 60, à 0 fr. 60	44 76
Le derrière des tuyaux de cheminées en plomb	15 00
Premier déboursé	1,341 01
Entretien pendant vingt-quatre ans, 273m 00, à 0 fr. 08 = 21 fr. 84 et par vingt-quatre ans	524 16
Total de la 1re période...	**1,865 17**

2e PÉRIODE.

Réfection en même surface dont 1/3 fait à neuf sur lattis neuf donne 91m 00, à 4 fr. 35	395 85
Les deux autres tiers, remaniés sur lattis neuf, produisent 182m 00 de surface, à 1 fr. 00 le mètre	182 00
Égout, faîtage et ruelles comme ci-dessus	137 46
Découverture de la partie faite à neuf, 91m 00, à 0 fr. 10	9 10
L'enlèvement des gravois	23 00
Deuxième période	747 41
Entretien pendant vingt-quatre ans, comme ci-dessus	524 16
Total de la 2e période...	**1,271 57**

Total pour deux périodes (50 ans)... 3,136 74

Total général de la couverture en tuiles 4,705 58

ARDOISE.

Hauteur du comble : 1/4 de la largeur (minimum).

CHARPENTE POUR L'ARDOISE.

DÉTAIL D'UNE FERME.

		m.	(Chêne.)
L'entrait	de	4. 0 × 15. 15	0. 0900
Le poinçon	de	1. 0 × 15. 15	0. 0225
2 liens	de ch. 0. 75 × 15. 15		0. 0337
2 id. de faîtage	de ch. 1. 0 × 15. 15		0. 0450
2 blochets	de ch. 1. 50 × 16. 16		0. 0768
2 jamb. de force	de ch. 1. 60 × 16. 16		0. 0819
2 arbalétriers	de ch. 6. 40 × 14. 17		0. 3046
4 tasseaux et échantignoles			0. 1000
			0. 7545
Trois autres fermes, *idem*			2. 2635
Le faîtage de 20. 0 × 14. 18			0. 6040
4 pannes de		(Sapin.)	
ch..... 20. 0 × 16. 16		2. 0480	
Une semelle traînante de 21. 0 × 10. 22			0. 4620
120 chevrons de ch..... 6. 50 × 10. 10		7. 8000	
		9. 8480	3. 0840

Résumé de la Charpente.

3m.0840 cubes de bois de chêne à 111 fr. 50 c. ... 444 fr. 22 c.
9. 8480 *idem* de sapin à 90 fr. 50 c. 891 24

Total pour la Charpente... 1,335 46

PREMIÈRE PÉRIODE DE VINGT-CINQ ANS.

1er ÉTABLISSEMENT. — COUVERTURE.

Ardoise sur volige neuve de 20m00 sur 13m 80............ 276 00
A déduire les tuyaux de cheminées de 30m 00 sur 0m 50. 15 00

Le reste...... 261 00

A 4 fr. 05 le mètre	1,057 05
L'égout de deux pièces en tuiles, ensemble 40m 00, à 1 fr. 15 le mètre	46 00
Le faîtage, 19m 00, à 2 fr. 30	43 70
Les dérrures et solins, ensemble 74m 60, à 0 fr. 60 réduit	44 76
Le derrière des tuyaux en plomb	15 00
Premier déboursé	1,206 51
Entretien pendant vingt-quatre ans, 261m 00, à 0 fr. 10 = 26 fr. 10 et par 24 ans	626 40
Total de la 1re période...	**1,832 91**

2e PÉRIODE.

La découverture et enlèvement de gravois compensés par ce qui pourra rester de bon à employer	Mémoire.
Renouvellement de la couverture, *idem,* comme ci-dessus	1,206 51
Entretien pendant vingt-quatre ans, *idem*	626 40
Total de la 2e période...	**1,832 91**

Total pour deux périodes (50 ans)... 3,665 82

Total général de la couverture en ardoises 5,001 28

ZINC.

Hauteur du comble : 1/4 de la largeur (maximum).

Peut être réduite au 10e de la largeur.

CHARPENTE POUR LE ZINC.

DÉTAIL D'UNE FERME.

		m.	(Chêne.)
L'entrait	de	2. 60 × 10. 16	0. 0416
Le poinçon de		0. 50 × 14. 15	0. 0105
2 blochets	de ch. 1. 20 × 15. 16		0. 0576
2 jamb. de force de ch..... 1. 10 × 15. 15			0. 0495
2 arbalétriers de		(Sapin.)	
ch..... 5. 80 × 13. 16		0. 2412	
2 tasseaux et échantignoles			0. 0500
			0. 2092
Les trois autres fermes, *idem*... { 0. 7236			0. 6276
Le faîtage de.. 20. 0 × 13. 16		0. 4160	
2 pannes de ch. 20. 0 × 15. 15		0. 9000	
Une semelle traînante de 21. 0 × 8. 20			0. 3360
120 chevrons de ch..... 6. 40 × 10. 08		5. 7200	
		8. 0008	1. 1728

Résumé de la Charpente.

1m. 1728 cubes de bois de chêne à 111 fr. 50 c. ... 134 fr. 84 c.
8. 0008 *idem* de sapin à 90 fr. 50.. 724 72

Total pour la Charpente... 859 56

PREMIÈRE PÉRIODE DE VINGT-CINQ ANS.

1er ÉTABLISSEMENT. — COUVERTURE.

Couverture en zinc n° 14 sur volige neuve jointive, de 20m 00 sur 13m 00 réduit........ 260m 00
A déduire les tuyaux, 30m 00 sur 0m 50............. 15 00

Le reste....... 245 00
1/20e pour développement... 12 95

Ensemble...... 257 95

A 6 fr. 20 le mètre	1,594 95
Lattis jointif, *idem*, surface sans les développements, 245m 00, à 1 fr. 05 le mètre	257 25
74 fr. 00 linéaires au droit des tuyaux de dallaises ; cheminées à 0 fr. 90..	66 60
	1,918 80
Entretien pendant vingt-quatre ans, à 0 fr. 05 donne pour les 257m 95....	308 70
Total de la 1re période....	**2,227 50**

2e PÉRIODE.

Remaniage complet de la 1/2 de la surface, produit 128m 63, à 2 fr. 00 le mètre	257 26
Rétablissement des allaises	66 60
Deuxième déboursé	323 86
Entretien, *idem*, comme ci-dessus	308 70
TOTAL de la 2e période	632 56
Total pr 2 périodes (50 ans).	2,860 06
Sur laquelle somme il convient de déduire la valeur du vieux zinc restant, d'un poids de 1,200 kil., déduction faite d'un déchet présumé, à 30 fr. les 100 kilog	360 00
Reste........	**2,500 06**

Total général de la couverture en zinc 3,359 62

* **N. B.** On peut remarquer que les calculs sont faits ici pour une toiture dont la pente est, comme celle de l'ardoise, de 1/4 de la largeur. — L'économie sera donc bien plus grande encore, si on réduit cette pente au dixième.
— La surface à couvrir, au lieu d'être de 260 mètres, ne serait plus alors que de 239 mètres.

La Société de la Vieille-Montagne a des dépôts dans les principales villes de France, de Belgique, d'Angleterre et d'Amérique.

CHAPITRE VII.

COUVERTURES EN ZINC POUR BATIMENTS ET HANGARS.

1.° Avantages généraux. — Pente à donner à la couverture. — Légèreté, avantages qui en résultent.— Prix de revient. — Entretien. — Durée. — Solidité. — Ouragan. — Foudre. — Incendie. — Variations de température. — Salubrité. — Eaux pluviales. — Couverture en zinc à Paris. — Conditions d'une bonne toiture. — Garanties offertes par la Vieille-Montagne.

2° Détails de l'exécution d'une couverture en zinc. — Chevrons. — Voliges. — Chéneaux.— Pentes en plàtre. — Pentes en bois. — Cuvettes de pression. — Couverture à rouleaux. —Couverture à coulisseaux. — Couverture à tasseaux. — Bandes d'égout. — Tasseaux. — Pattes en zinc. — Pose des feuilles. — Poutres de faitage. — Brésis ou combles brisés. — Couvre-joints. — Vis de calotins. — Ardoises en zinc. — Feuilles cannelées, etc.

Avantages généraux.

La toiture en zinc est très légère, exige moins de pente que toute autre , et les dépenses d'entretien sont presque nulles.

Ce sont là d'immenses avantages sous le rapport de l'économie.

Nulle toiture n'est plus solide, ne résiste mieux aux vents, à l'incendie, n'est plus propre à recueillir les eaux pluviales, enfin n'est plus durable.

Pente à donner à la couverture.

La pente d'une toiture en zinc est presque nulle ; elle peut être du dixième de sa largeur. Si on le désire, la toiture peut être sous forme de terrasse.

La pente d'une toiture en ardoises ne peut être moins de 1/4 de sa largeur.

Celle d'une toiture en tuiles, de 1/3.

Légèreté.

Une toiture en tuiles pèse 80 kilog. le mètre carré ;

Une toiture en ardoises pèse 17 à 20 kilog. le mètre carré ;

Une toiture en zinc pèse 7 à 8 kilog. le mètre carré.

De ces deux considérations, il résulte divers avantages pour les toitures en zinc.

Avantages qui en résultent.

En raison de ces différences, l'emploi du zinc pour couvertures donne les avantages ci-après :

1° On profite de toute la hauteur accordée par le règlement.

Plus la toiture peut être plate, plus on profite avantageusement de toute la hauteur accordée pour les constructions par les règlements de voirie ; le zinc convient admirablement sous ce rapport.

2° Mansardes habitables.

On peut aussi rendre habitables des mansardes qui, sous tout autre mode de toiture, ne serviraient que de greniers. On peut à moins de frais faire l'étage du comble carré et non lambrissé.

3° Développement de la couverture, moindre.

On couvre le même espace avec un moindre développement de toiture; ainsi, pour couvrir un bâtiment de 50 mètres de superficie, il faut :

    82 mètres de couverture en tuiles;
    80   d°   d°   en ardoises;
    60   d°   d°   en zinc.

Il y a donc 25 % d'économie de surface par l'emploi du zinc.

4° Économie de maçonnerie.

Quand on couvre en zinc, les pignons de murs sont moins élevés, la dimension des souches de cheminées est moindre, les murs d'appui sont exonérés de presque toutes charges et peuvent être affaiblis dans le haut.

5° Économie de charpente.

Le zinc permettant un rampant peu élevé, et le poids de cette couverture étant insignifiant, les pièces de charpente peuvent être moins nombreuses et d'un équarrissage plus faible; on peut établir les fermes et les chevrons plus espacés les uns des autres, supprimer même les fermes en les remplaçant *par des chevrons-fermes*; ces chevrons peuvent être en sapin sans le moindre inconvénient. Les prix des bois étant très élevés en général, c'est là un grand avantage.

Prix de revient. — Entretien.

En ne considérant même que le coût de la matière servant de couverture, la nécessité des réparations à y faire, la main-d'œuvre, il est démontré par le tableau ci-contre qu'une toiture en zinc coûtera au bout de peu d'années 1/3 moins qu'une couverture en ardoises, et 1/4 moins qu'une couverture en tuiles.

Durée.

Nous ne donnons dans ce tableau qu'une durée de cinquante ans pour la couverture en zinc comme à celles en tuiles; cependant il est notoire que des bâtiments couverts en zinc depuis plus de trente ans sont dans un état parfait de conservation, n'exigent pas d'entretien, et que leur durée sera bien plus grande que cinquante ans.

Les bons entrepreneurs n'hésitent pas à garantir leur travail, sans réparations importantes pour une longue durée. Les toitures en zinc qui en ont nécessité davantage étaient faites avant qu'on eût perfectionné le métal ou la manière de l'employer.

Solidité.

Aucune couverture n'offre plus de solidité pour parcourir plus facilement le sommet des édifices, faire le ramonage des cheminées, porter secours en cas d'incendie. Les feuilles de zinc résistent tout autrement que les tuiles et l'ardoise, qui se brisent sous les pieds et demandent des réparations chaque fois que l'on est monté sur les toits.

Le zinc ne se couvre pas de mousse comme la tuile, ne s'exfolie pas comme l'ardoise ; une de ses plus précieuses qualités est d'être inaltérable à l'air.

Ouragan.

Un vent un peu violent enlève les ardoises et même détache les tuiles. Les orages les plus forts ne peuvent dégrader une couverture en zinc *bien* faite, dans laquelle les tasseaux ont été cloués sur les chevrons, où les points d'attache sont si multipliés, si bien établis, que toute la charpente devient solidaire de la couverture. Ainsi les débarcadères d'*Arles*, de *Marseille*, sont couverts en zinc, qui, seul, peut résister aux vents du Midi. Mais, à cet égard comme pour tous, on ne saurait trop le répéter, une couverture en zinc bien faite est la meilleure toiture possible ; si elle est faite d'une manière inhabile ou en numéro trop faible, elle donnera au contraire les plus mauvais résultats.

Foudre.

On a dit que le zinc attire la foudre ; c'est un reproche peu sérieux, car, au contraire, l'étendue de la surface métallique que présente cette couverture et sa conductibilité serviraient de paratonnerre en facilitant la répartition du fluide, et rendant toute catastrophe impossible.

Variations de température.

On a signalé l'inconvénient de la trop grande facilité avec laquelle les couvertures métalliques d'une faible pente communiquaient la variation de la température. Il est aisé de remédier à cet inconvénient, pour ce qui concerne les terrasses, en remplissant l'espace vide entre la couverture et le plafond de matières légères, mauvaises conductrices, telles que copeaux et sciures de bois, tan et écorces d'arbres.

Incendie.

Quant à la manière dont la toiture en zinc se comporte lors d'un incendie, les expériences qui ont été faites devant M. le baron Cagniart-Latour, devant le préfet de Paris et M. le baron de Plazanet, ancien colonel des sapeurs-pompiers, les observations faites dans divers incendies ne peuvent laisser la moindre craindre. Depuis qu'on emploie le zinc, on a vu que ce mode de couverture, donnant peu de prise aux courants d'air, les bâtiments couverts en zinc brûlaient moins vite que les autres, et que le métal ne s'enflammait pas en fondant. Lors de l'incendie de la Guadeloupe, c'est une toiture en zinc qui a empêché la propagation des flammes.

Salubrité. — Eaux pluviales.

Les toitures en zinc sont faciles à entretenir propres ; l'oxyde de zinc étant insoluble, il s'ensuit que les toitures en zinc permettent de recueillir les eaux pluviales avec toute garantie de salubrité : avantage inappréciable dans les lieux privés d'eaux de sources, et que ne possède pas tout autre mode de couverture.

Couvertures déjà faites en zinc à Paris.

Tous ces avantages de la toiture en zinc sont si bien constatés à Paris que les 3/5mes des constructions nouvelles se couvrent en zinc.

Tous les édifices publics qui se construisent n'adoptent pas un autre mode :

- Le ministère de la marine ;
- L'hôpital de la République ;
- L'hôtel du Timbre ;
- L'hôtel du président de l'Assemblée nationale ;
- Le palais de l'Assemblée nationale :
- Le nouveau ministère des affaires étrangères ;
- Le dépôt des cartes et plans de la marine ;
- La salle des séances de l'Institut ;
- Les archives de la Cour des comptes ;
- Le palais des Beaux-Arts ;
- Les gares de chemins de fer, mairies, églises, halles centrales, etc. ,

qui se construisent à Paris, sont couverts en zinc.

Consommation générale.

Dans toute la France ce mode de couverture tend à devenir de plus en plus général, selon le plus ou moins d'habitudes routinières qu'il faut combattre dans chaque ville. La meilleure preuve en est dans le chiffre de la consommation en France détaillée au commencement de ce Manuel.

Conditions d'une bonne toiture. — Fausses préventions.

Pour que le zinc ait de bons résultats, il faut employer des feuilles d'épaiseur convenable, le n° 14 *pour les toitures*, et choisir de bons ouvriers qui connaissent le travail du métal.

Une couverture mal faite aliène toute une localité pendant longtemps; on s'en prend à tort au métal du fait résultant de l'inexpérience d'un ouvrier ou de l'emploi d'un numéro trop faible.

Une autre prévention, celle de la prétendue cherté, se trouve détruite si l'on veut se donner la peine d'étudier les détails des tableaux ci-contre, ainsi que nous l'avons dit tout à l'heure.

DÉTAILS DE L'EXÉCUTION POUR LA COUVERTURE EN ZINC.

Ainsi qu'il est établi au tableau qui précède, dans toute la construction d'un bâtiment destiné à être couvert en zinc, l'architecte a pu, en raison des qualités spéciales du zinc, faire de notables économies sur la maçonnerie, la charpente.

Le zingueur, n'ayant à s'occuper que de la surface de la toiture, doit toutefois observer que la solidité de son travail dépendra beaucoup de la manière dont les chevrons et la volige auront été posés.

Pose des chevrons.

Les chevrons, qui peuvent être sans aucun inconvénient en bois léger, peuplier ou sapin, doivent être placés de manière à correspondre aux tasseaux qui seront cloués sur eux.

Ainsi, avant de poser les chevrons, on fixera les écartements selon la dimension des feuilles de zinc qu'on veut employer pour couvertures.

Si la toiture est très exposée aux vents, on devra préférer les feuilles de 0^m,65 centim. de largeur.

En raison des relèvements du zinc contre les tasseaux, la surface utile de cette feuille de 0^m,65 cent. ne doit être calculée que pour 0^m,595 millim.

Leur distance.

La distance des chevrons d'axe en axe devra donc être de 0^m,595 millim.

Si l'on veut employer des feuilles de 0^m,80 cent., l'écart devra être de 0^m,745 millim.

Et pour celles de 50 centim., il devra être de 0,445 millim.

Les chevrons placés, on s'occupe de voliger.

Pose des voliges.

Les voliges dont on se sert habituellement sont celles de peuplier, dites voliges à ardoises, de 2^m de longueur sur 0^m,015 millim. d'épaisseur et 0^m. 15 centim. de largeur, terme moyen.

Ces voliges seront posées horizontalement, à distance de 0^m,015 millim. l'une de l'autre et fixées

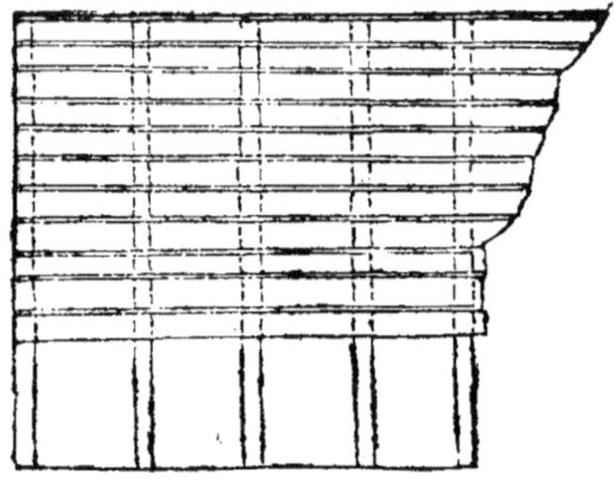

Fig. 59.

sur les chevrons par des clous dits clous d'épingles à tête plate, et non convexe. (Fig. 59)

On fait des clous en zinc spéciaux à cet usage.

Autant que possible, les voliges devront être alternées sur les chevrons comme dans la fig. 60.

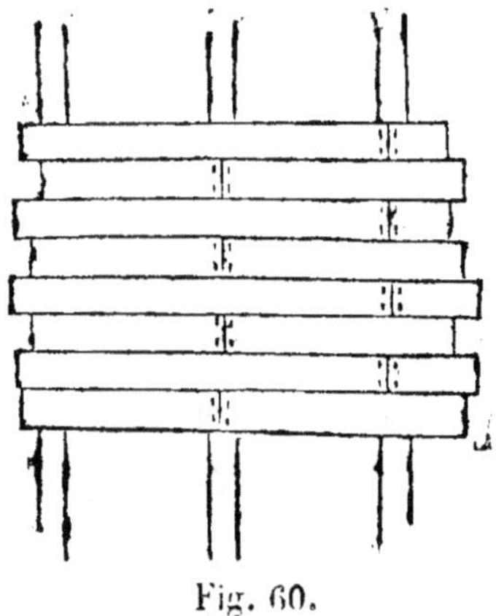

Fig. 60.

Volige à recouvrement.

Pour les gares des chemins de fer, ou pour les usines dans lesquelles se dégagent des gaz, de la vapeur d'eau acidulée qui pourraient nuire au zinc, on volige à recouvrement ou feuillure bàtarde comme fig. 61.

Pour le jeu des bois, il y a avantage à poser la volige en diagonale. (Fig. 62.)

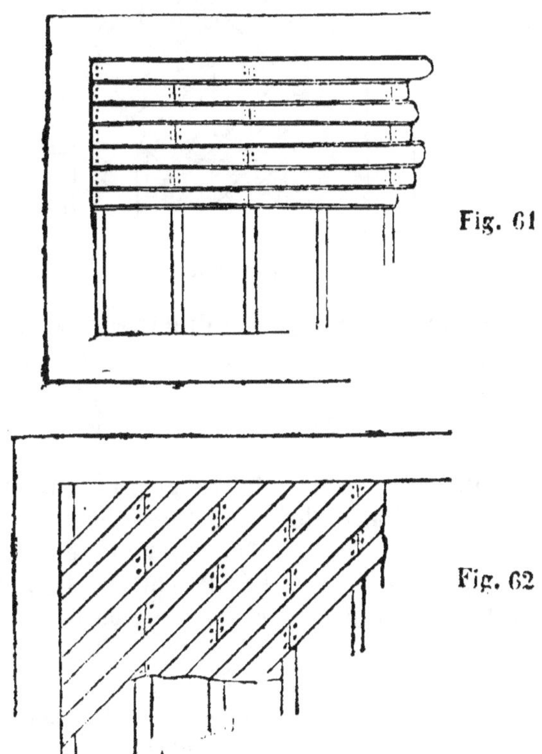

Fig. 61

Fig. 62

Volige jointive.

Quelquefois on ne se contente pas d'une simple volige jointive ou à recouvrement; on fait une vo-

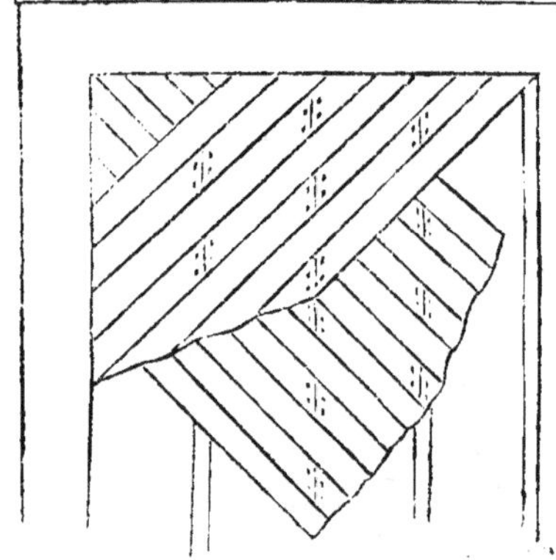

Fig. 63.

lige double (fig. 63), et, entre les deux, on passe une couche de glue marine [1].

Pentes des chéneaux.

Pendant la pose de la volige, le zingueur doit s'occuper d'établir les pentes des chéneaux.

Pour cela, sur toute la longueur de l'emplacement qui doit servir de chéneau, il faut d'abord déterminer les nœuds ou repères, en calculant une

[1] Il est certain que dans les usines où s'exhalent des gaz ou des fumées acides en grande quantité, la tôle, l'ardoise et la tuile sont encore plus vite attaquées que le zinc.

pente de 10 à 12 millimètres par mètre au minimum.

Ainsi, pour une façade de 10^m (fig. 64) un seul

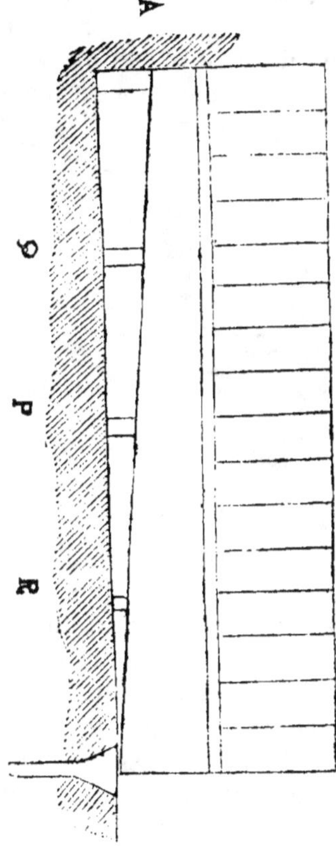

Fig. 64.

tuyau de descente suffira : il y aura 10 centim. d'é-
lévation à établir au point A qui sera le haut de la
pente.

Pentes en plâtre.

On calculera un nombre suffisant de points de repères A Q P R, et, pour éviter tout fléchissement, on les marquera sur les deux parois du chéneau, du côté du comble et du côté du socle en même temps ; on remplira ensuite l'espace V (fig. 65),

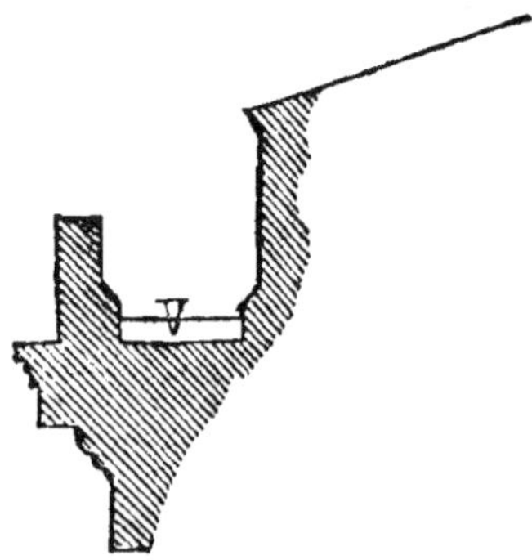

Fig. 65.

avec du gravois, en ayant soin d'y mêler, si l'on peut, du mâchefer à travers lequel s'établit un courant d'air qui absorbe l'humidité du plâtre ; on relèvera ainsi le chéneau jusqu'aux points de repère, à 3 centim. près réservés pour le plâtre qui doit former la surface de la pente.

Le plâtre doit avoir été passé au tamis fin et s'unir très régulièrement par le va-et-vient d'un cali-

Fig. 66.

bre (fig. 66); ce calibre est légèrement convexe sur

la largeur et on le fera glisser sur les règles établies d'un repère à l'autre pour unir le plâtre et lui donner une forme légèrement concave. Cette forme permettra au chéneau de rassembler la masse d'eau dans son centre, et le zinc, ainsi cintré, se dilate plus facilement que plié à angle raide.

Avant de poser le zinc, il faut avoir soin d'étendre du plâtre fin qui absorbe l'humidité ou bien de la sciure de bois ou des feuilles de gros papier carton ; autrement, le zinc, au contact du plâtre frais, s'altérerait vite.

Pentes en bois.

Les pentes peuvent être faites en bois, mais elles coûtent un peu plus. Pour établir ces pentes, il faut sceller dans le plâtre des lambourdes, ou les clouer sur les sablières ou chevrons, en calculant leur pose selon la pente. Il faut éviter de faire le chéneau avec une seule planche, que la dilatation ferait gondoler ; il vaut mieux se servir de planches en chêne de 0^m,27 centim. bien dressées.

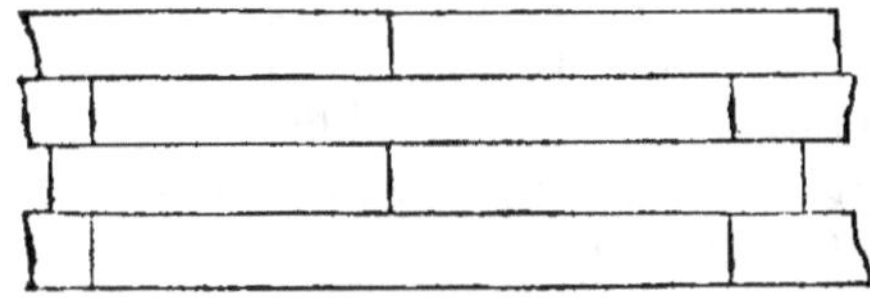

Fig. 67.

Il est nécessaire que le bois soit très sec et de premier choix ; car, s'il se déjette, le zinc, qui y sera juxta-posé, en subira les inconvénients, s'ondulera forcément, et les variations de température pourraient finir par crevasser les plis et ouvrir passage à l'eau.

On peut établir cette pente avec des planches de la largeur des frises de parquet et les disposer comme des voliges à recouvrement, en donnant de distance en distance, soit de $0^m,25$ centim. en $0^m,25$ centim., un trait de scie sur la moitié de l'épaisseur. (Fig. 68.)

Fig. 88.

Ce trait de scie et cette disposition éviteront tout gondolement de bois.

Trop-pleins à établir.

Un dégel subit peut remplir les chéneaux, et les tuyaux sont insuffisants pour le dégorgement. Il est facile alors d'accélérer la vitesse d'écoulement dans ces tuyaux au moyen de cuvettes de pression ménagées dans les chéneaux.

Cuvettes de pression.

Par ces cuvettes de pression, la colonne d'eau se trouve chargée dans le haut et se dégorge avec une vitesse d'écoulement double ou triple de celle qui lui serait naturelle.

Néanmoins, si l'on veut éviter que, le chéneau étant plein, des filtrations aient lieu à travers les planches, il faut réserver, au niveau du plus haut de la pente, un trop plein à travers lequel les eaux pourront s'écouler, si le tuyau de devant venait à ne pas suffire.

Pose du zinc formant chéneau.

Les pentes une fois bien établies et la volige prête, il s'agit de placer le zinc.

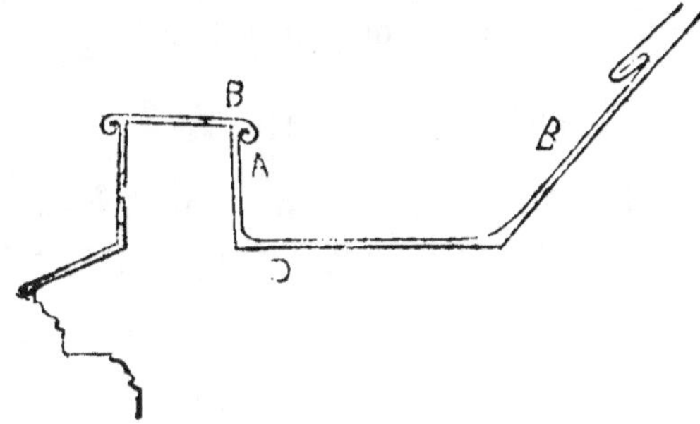

Fig. 69.

Les feuilles de zinc doivent être disposées selon la forme A B D (fig. 69 et 70), de manière à ce

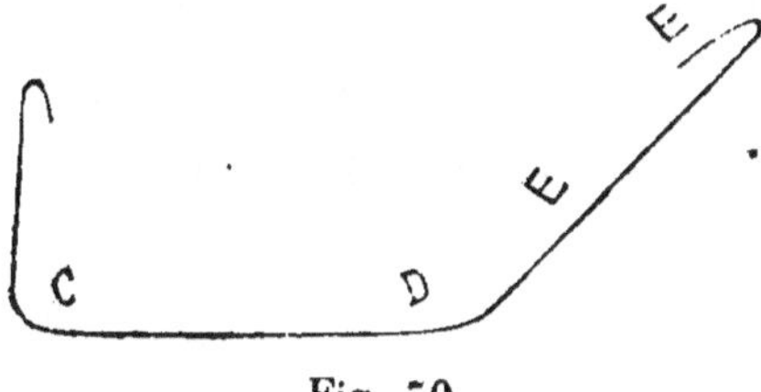

Fig. 70.

qu'elles s'appuyent sur le rampant et contre le socle.

Les angles C D doivent être rabattus au quart de rond, autant que possible, pour éviter de casser le fil naturel au zinc. Il est bon même de placer des petits tasseaux de bois longitudinalement sur la pente, dans ces angles, pour éviter que le zinc en porte à faux.

La partie **D E E** doit être recourbée sous forme d'agrafe de $0^m,04$ centim. au moins, pour recevoir une agrafe spéciale en zinc que nous décrivons, et agrafer par dessus la première feuille du comble.

Chéneaux ordinaires.

La partie **B A** est rabattue en dedans sous la même forme pour recevoir le bourrelet de la partie recouvrant le socle. (Fig. 71.)

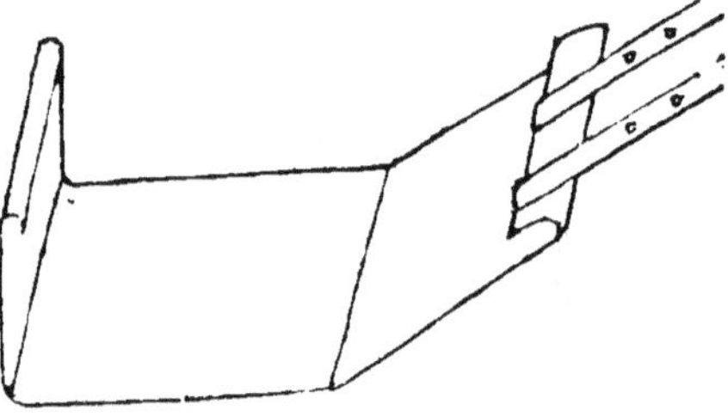

Fig. 71.

Chacune des feuilles doit être fixée sur la volige

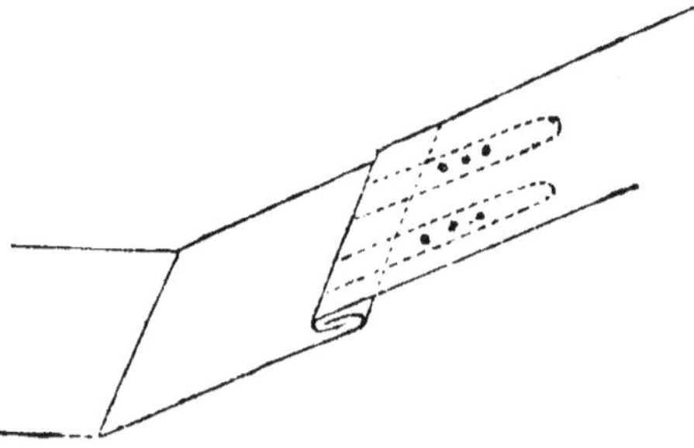

Fig. 72.

du comble au moyen de deux pattes en *zinc fort*, solidement établies sur cette volige.

C'est par dessus ces pattes que viendra s'agrafer, à son extrémité inférieure, la première feuille du comble, qui les recouvrira. (Fig. 72.)

Les feuilles de zinc seront soudées les unes aux autres sur la largeur du chéneau, de manière à pouvoir se dilater dans le sens de la longueur, ce qui suffira.

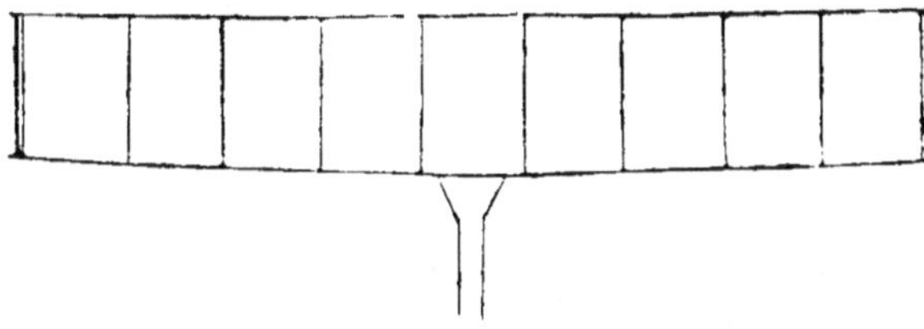

Fig. 73.

En supposant que le chéneau aboutisse aux deux pignons du mur, et que le tuyau de descente ait été placé au milieu, comme (fig. 73) on commencera par poser les feuilles les plus rapprochées des tuyaux de descente, et lorsqu'on arrivera aux dernières feuilles, auxquelles doivent être soudés les fonds du chéneau contre les pignons, on aura soin de laisser une certaine distance de la feuille au mur, $0^m,02$ centim. à $0^m,03$ centim. au moins, et la feuille du fond devra être munie d'un ourlet qui s'agrafera avec une bande de zinc clouée sur le mur, comme il sera dit à l'article des raccords.

Chéneaux à ressauts, préférables.

Si l'édifice est plus considérable que nous ne l'avons supposé tout à l'heure, au lieu de faire des chéneaux en feuilles soudées sur leur largeur, on peut les poser de manière à permettre la dilatation sur tous les côtés, ce qui est bien préférable ; mais alors il faut disposer de beaucoup plus de pente, car le chéneau doit être à ressauts de 0^m,030 millim. à 0^m,035 millim. chacun. (Fig. 74 et 75.)

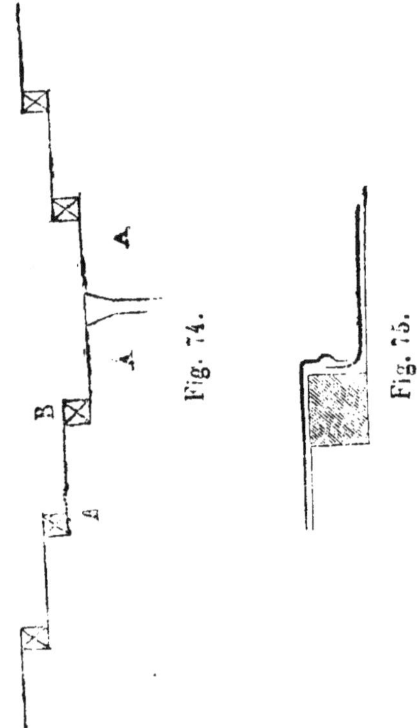

La pente sera calculée comme il a été dit. Des petits tasseaux de bois horizontaux AAA borderont, en les retenant, les plâtres de chaque ressaut et le chéneau entier aura la forme d'un escalier. (Fig. 74.)

La feuille la plus basse, celle qui doit partir du tuyau de branchement, sera posée la première; à l'angle B elle formera quart de rond, se relèvera en agrafe; une patte clouée sur le tasseau la retiendra.

La feuille de l'escalier supérieur viendra la recouvrir en s'agrafant avec elle.

Si l'on veut, on peut remplacer cette agrafure de la feuille supérieure à celle inférieure par un petit bourrelet, forme demi-rond, qui évite les effets de la capillarité.

Le vent ayant peu de prise dans le chéneau, l'agrafe n'est pas indispensable.

Autre forme de chéneau.

On peut encore, pour le chéneau à ressaut, adopter des formes qui s'expliquent d'elles-mêmes. (Fig. 76 et 77.)

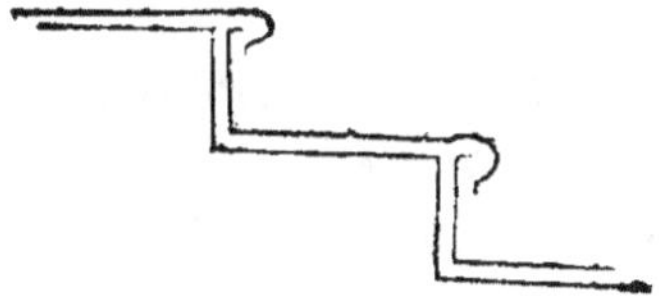

Fig. 76.

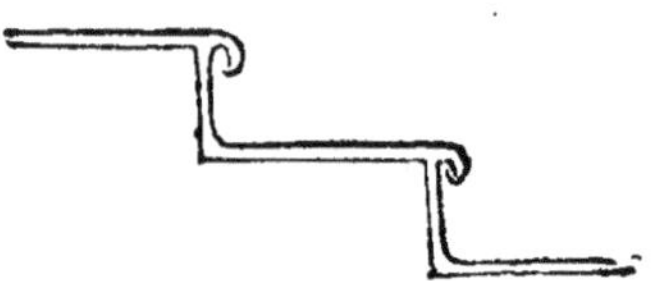

Fig. 77.

Si le chéneau, au lieu d'être pris sur l'intérieur du bâtiment, est pris dans l'épaisseur du mur, les feuilles de zinc prennent la forme A B C D E F (fig. 78), et doivent être maintenues du même côté du

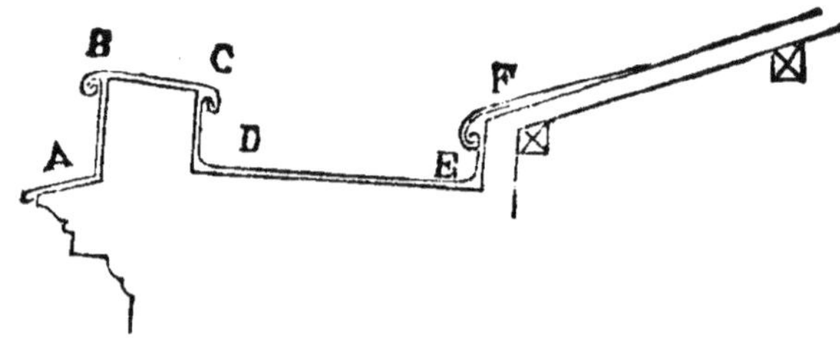

Fig. 78.

comble par des agrafes spéciales en sus de la feuille du comble.

Chéneau d'un bâtiment couvert en ardoises ou en tuiles.

Lorsqu'un comble sera pour être couvert en tuiles, ou ardoises, ou en zinc à 45 degrés, ou avec une pente plus ou moins rapide, avec chéneau (fig. 79), on doit, si cela se peut, établir une panne ou sablière

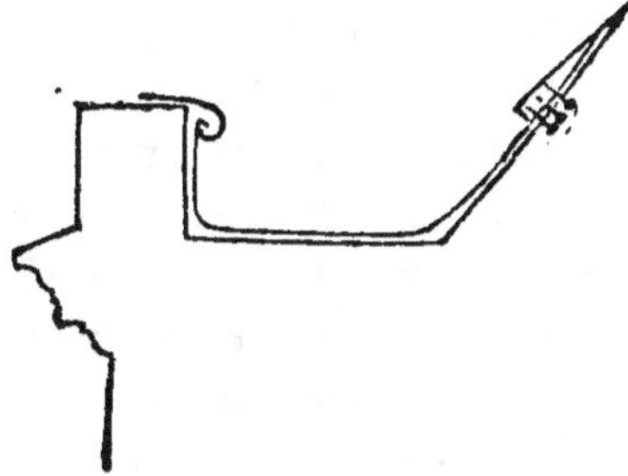

Fig. 79.

au point P (fig. 79 BIS), où viendront se fixer les

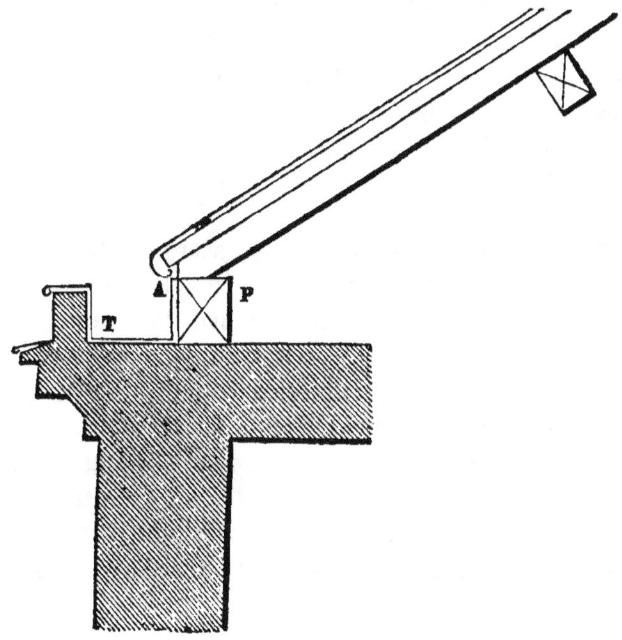

Fig. 79 BIS.

chevrons, pour former un encaissement; la dilatation se trouvera facilitée sur tous sens. On peut même éviter, si l'on veut, d'établir de trop pleins, en faisant le chéneau de toute la largeur de la feuille, et en la cintrant de manière que le côté intérieur appuyé au point A avec un relief intérieur pour recevoir, si la couverture est en zinc, la feuille du comble, le fond F et le côté du socle D, vienne se rabattre en dehors en embrassant soit carrément le haut du socle extérieur, si c'est une planche en bois de $0^m,030$ à $0^m,035$ d'épaisseur, ou en s'aplatissant sur la surface du socle, si c'est en maçonnerie. Le déversement du trop plein des eaux se fera pardessus en cas d'engorgement du tuyau.

Le comble étant en tuile ou ardoise, l'égout se fera comme d'ordinaire; mais s'il fallait une bande de zinc formant égout, on la préparera avec un fort bourrelet qui s'agrafera dans le relief intérieur du chéneau, et le côté supérieur se posera sur les chevrons où il sera fixé, au moyen d'entailles allongées, parallèles au chéneau, par des clous qui laisseront la dilatation libre; il ne faut point, comme d'ordinaire, arrêter les feuilles d'égout, ni autres sur le comble par des clous de 0^m40 en 0^m40; ni les recouvrir directement d'un parement en plâtre sur lequel viennent se sceller les tuiles ou ardoises. Le zinc, se dilatant, casse par la pression du plâtre, ou celui-ci, ne cédant point, casse par distance et laisse passage à la filtration des eaux.

Mode de chéneau le plus convenable.

Le mode le plus convenable est celui décrit fig. 80.
Il faut sur l'extrémité B A rabattre E F dans lesquelles
viendra se prendre une bande G dite alaise.

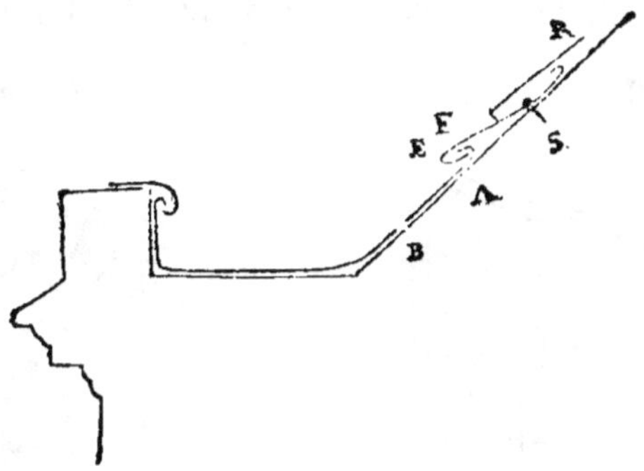

Fig. 80.

Cette bande re relève à son autre extrémité en
sens inverse R.

Elle sera fixée par des clous S, et c'est sur elle que
doit être fait le battellement en plâtre sur lequel
viennent aboutir les premiers pureaux de l'ardoise.

De cette manière, toute faculté de dilatation est
laissée à la grande feuille du métal.

En général, il faut avoir soin, pour l'établissement des chéneaux, de choisir des feuilles de même numéro, pour que la dilatation soit uniforme.

Si c'est un comble sans chéneau, il faut, pour consolider l'égout quand la couverture est en zinc, placer sur l'entablement et en saillie de 3 à 4 centimètres une planche en chêne ou sapin fortement clouée et scellée au niveau du voligage, sur le champ de laquelle viendra s'agrafer la première feuille soit par un bourrelet à demi ouvert (fig. 80 BIS), ou par

Fig. 80 BIS. Fig. 80 TER.

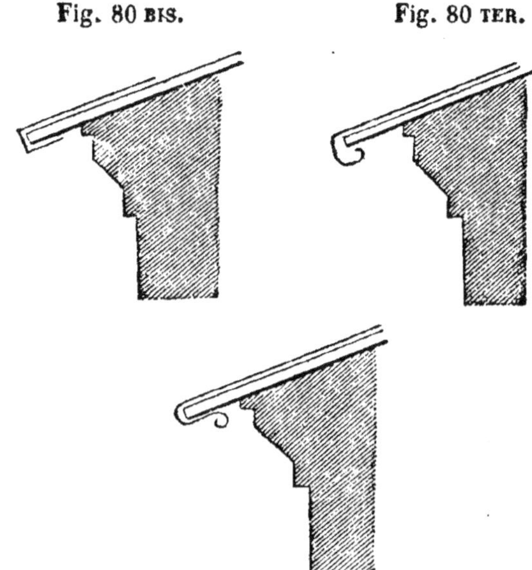

Fig. 80 QUATER.

celui (fig. 80 TER), façonnée sur l'épaisseur de

la planche ou de la tuile qui peut remplacer la planche avec autant de solidité et de durée; ou bien par celui (fig. 80 QUATER), quand la couverture se trouve exposée au vent.

Les crochets qui doivent supporter les gouttières seront toujours posés avec entaille dans l'entablement avec scellement ou cloués s'ils reposent sur une sablière.

Dans les endroits où le vent ne peut fatiguer la couverture, on cloue des bandes de zinc de même saillie de 0^m08 à 0^m10 de large et fortement clouées.

Nous engageons à les couper sur la largeur de la feuille, forcée par la dilatation, de 80 centimètres, pour éviter le gondolement de ces bandes si elles sont prises sur les deux mètres et que l'on ne peut empêcher, et par les clous qui les retiennent.

Les mêmes inconvénients ont lieu pour les alaises reposant sur les côtés des chéneaux qui sont chargés par le plâtre et les tuiles ou ardoises qui forment le même pureau; la dilatation est réduite par ces bandes de $0^m,80$, presque à zéro.

Comparaison du chéneau en plomb.

Partout on peut substituer, pour cet emploi, le zinc ou le plomb, et l'on obtient ainsi une économie de plus de 50 0/0, les tables de plomb pesant beaucoup plus.

Couverture.

Lorsque les chéneaux ont été établis, on procède à la pose de la couverture.

Agrafes à rouleaux. — Ses inconvénients.

Le premier système qui a été employé était la couverture agrafée à rouleaux. (Fig. 81.)

Fig. 81.

Ce mode est encore assez général en Belgique et dans quelques départements de la France.

L'expérience a prouvé que, bien qu'il satisfît aux conditions de la dilatation, les bourrelets A A s'éerasaient sous les pieds, lorsqu'on marchait sur le toit.

L'emploi des tasseaux, que nous décrivons plus bas, est bien préférable comme solidité du travail et comme facilité des raccords avec les noues, les arêtiers, etc.

Agrafée à coulisseaux.

Nous citerons encore, pour mémoire seulement, comme perfectionnement de la couverture à rouleaux, celle dite à coulisseaux. (Fig. 82.)

Fig. 82.

On doit aussi, selon nous, l'abandonner pour le système à tasseaux.

Difficulté de pose.

Un des grands inconvénients de la couverture à coulisseaux consiste dans la difficulté de pose.

Lorsque, par exemple, la couverture à faire est placée entre un mur mitoyen et un socle (fig. 83) pour enfiler le coulisseau embrassant les deux feuil-

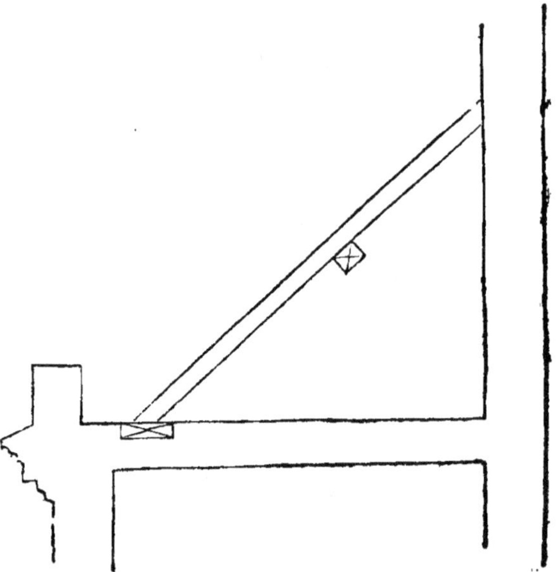

Fig. 83.

les, il faut les rapprocher, les soulever, passer le coulisseau et laisser retomber les deux feuilles, en repoussant le coulisseau jusqu'à l'extrémité de la feuille; cette manœuvre est difficile, quelquefois impossible.

Effet de la capillarité.

Aux rencontres de noues, de tuyaux, l'agrafure ne peut pas se faire dans tout le contour du bourrelet, et, par l'effet de la capillarité, l'eau peut quelquefois remonter.

Cassure de la feuille.

Puis, dans le cas où, en poussant le coulisseau ou en portant à faux sur la volige, le bourrelet vient à casser la feuille dans un ou plusieurs points de sa longueur, on ne s'en aperçoit pas.

Les filtrations des eaux pluviales indiquent seules qu'il y a eu fissure; l'endroit où doit se faire la réparation n'est pas facile à trouver et l'on perd beaucoup de main-d'œuvre à ces travaux.

COUVERTURE A TASSEAUX.

Le mode de couverture à tasseaux est, selon nous, préférable à tous autres. (Fig. 84.)

Dans le système à tasseaux, comme dans les autres, on peut employer des feuilles de $0^m,65$ centim. ou de $0^m,80$ centim. de largeur sur $2^m,00$ de longueur, et si la toiture le demande on peut même se servir de feuilles plus longues sans inconvénient.

Selon l'effort du vent que peut avoir à supporter la toiture, on se servira de $0^m,80$ centim. ou de $0^m,65$ centim.

Si on augmentait la largeur des feuilles, il faudrait multiplier les agrafures.

Détails de son exécution.

Si la couverture à exécuter est celle d'un bâtiment ayant des chéneaux, la première feuille

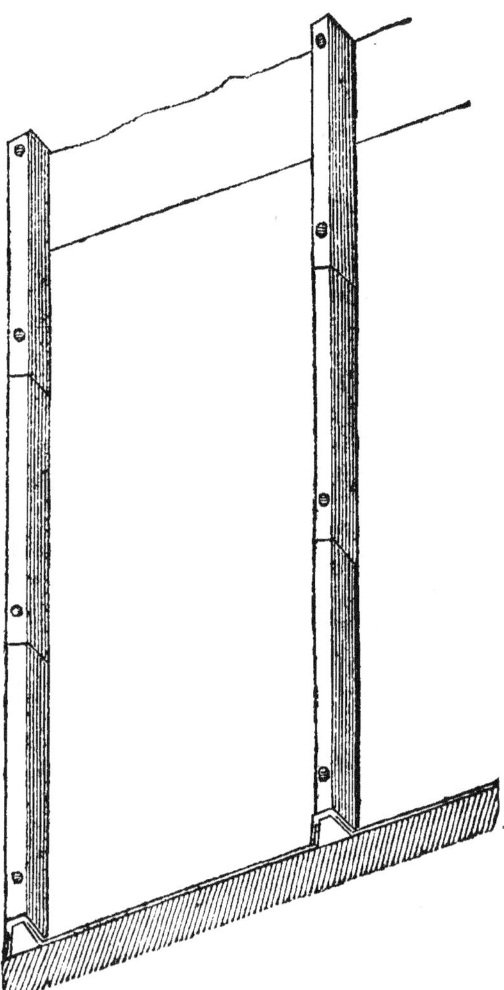

Fig. 81.

devra venir s'agrafer sur celle du chéneau, comme fig. 85.

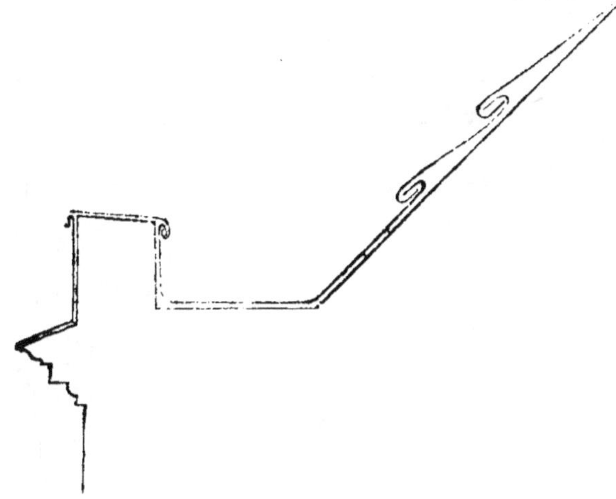

Fig. 85.

Et l'on pourra de suite, après la pose du chéneau, placer les tasseaux de bois qui viendront déborder un peu sur le chéneau.

Bandes d'égout.

Si la couverture ne doit avoir que des gouttières extérieures, la première chose à faire est de couper un nombre convenable de feuilles d'un fort numéro dans le sens de la longueur en bandes de $0^m,06$ centim. à $0^m,08$ centim. de largeur.

Puis de clouer ces bandes solidement sur tout le bord inférieur du toit, en les mettant bout à bout de manière à ce qu'elles débordent de 0^m,02 centim. à 0^m,03 centim. sur la corniche. (Fig. 86.).

On les appelle bandes d'égout.

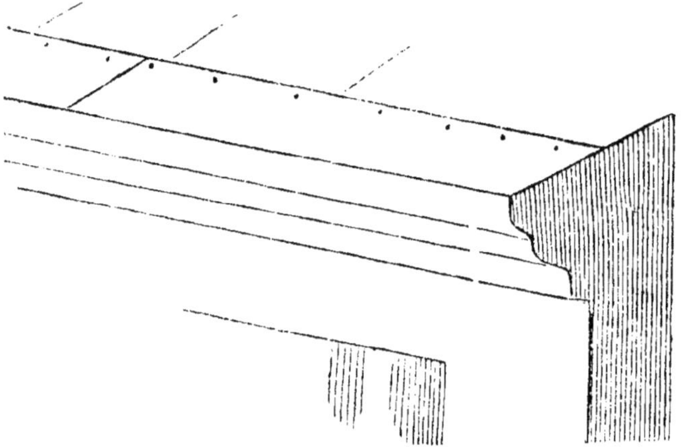

Fig. 86.

Pose des tasseaux.

Ces bandes posées, on place les tasseaux en bois montant sur la volige parallèlement aux chevrons de la toiture, en ayant soin de les clouer, comme nous l'avons dit plus haut, sur les chevrons mêmes, et les laissant déborder un peu sur la bande d'égout.

On doit les assujettir solidement de mètre en mètre par une forte fiche ou clou en fer qui traversera l'axe du tasseau, la feuille de volige et pénètre dans le chevron. (Fig. 87.)

Le tasseau devient alors parfaitement solidaire de la charpente.

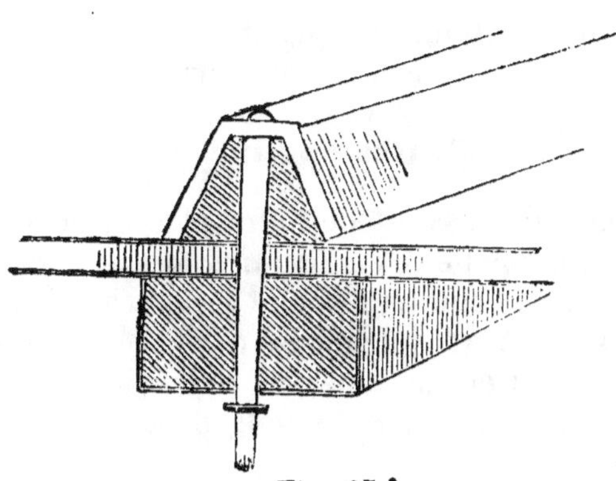

Fig. 87.

Les tasseaux partiront du faîtage et descendront jusque sur la corniche, en chevauchant sur la petite bande d'égout ou s'arrêtant au chéneau avec un faible débord de 0^m,01 centim. à 0^m,02 centim.

Formes des tasseaux.

Différentes formes peuvent être données à ces tasseaux ; ils peuvent être carrés longs ayant 0^m,027

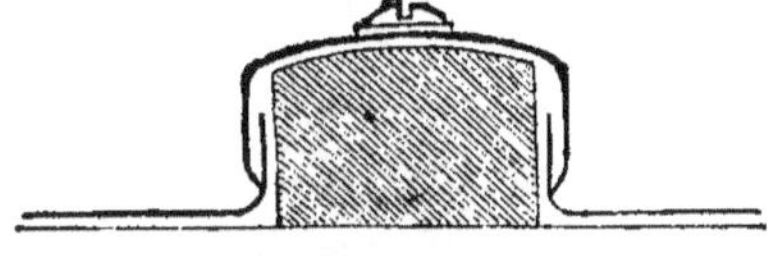

Fig. 88.

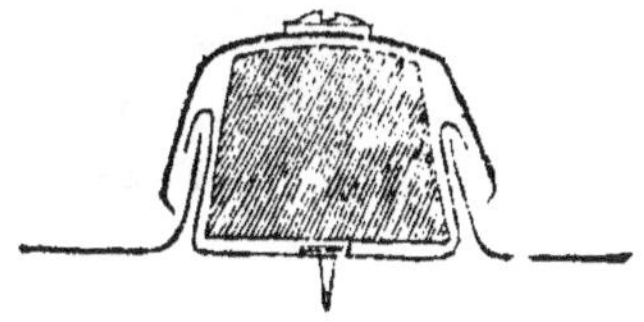

Fig. 89.

millim. sur 0,070 millim. (fig. 88), ou, ce qui vaut mieux, taillés en biseau, comme fig. 89.

Pattes en zinc.

Sous chaque tasseau doit être placée, de mètre en mètre, une patte A en zinc très fort qui, clouée à sa base en même temps que le tasseau, doit se replier contre le tasseau pour se recourber en agrafe contre la paroi et maintenir le relief de la feuille de zinc qui sera placée le long du tasseau. (Fig. 90 et 91.)

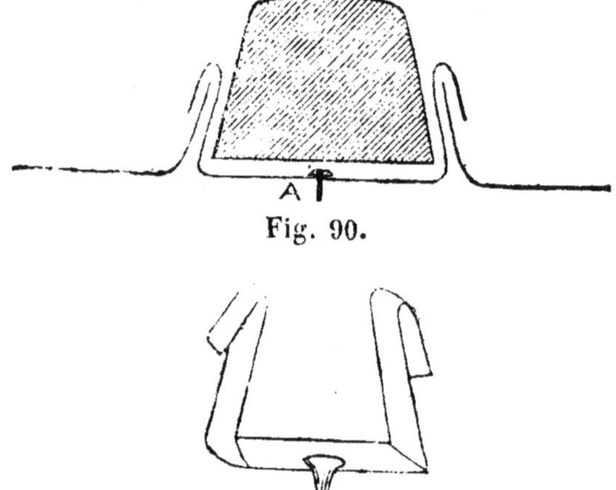

Fig. 90.

Fig. 91.

Pose des feuilles.

Les tasseaux et les pattes étant disposés, la première feuille de zinc à placer est celle inférieure.

Si l'on doit agrafer sur la bande d'égout, on fait à l'extrémité inférieure de la première feuille un rouleau ou ourlet de la grosseur du doigt, et, à l'autre extrémité, on fait un pli vif ou agrafure de 0^m,03 centim. sur toute la largeur, en le rabattant du côté opposé à l'ourlet. (Fig. 92 et 93.)

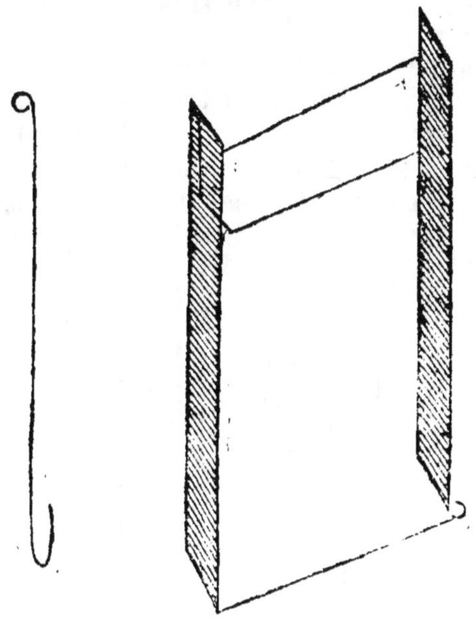

Fig. 92.   Fig. 93.

Enfin, de chaque côté de la feuille, on relève les bords en échancrant l'ourlet qui ne pourrait se relever, mais en ayant soin de ne pas échancrer l'agrafure qui devra, au contraire, rester convenablement ouverte pour recevoir l'agrafure de la feuille supérieure.

Pour bien faire ce pli, le mieux est de passer une bande d'un zinc plus épais entre la feuille et l'agrafe et de frapper avec la batte jusqu'à parfait contact.

Réduction de la longueur et de la largeur des feuilles.

Les feuilles, dont la longueur utile est alors réduite à $1^m,92$, et la largeur à $0^m,59$ ou $0^m,72$ selon que l'on emploie du $0^m,65$, ou du $0^m,80$, seront posées successivement entre les tasseaux.

On entrera la bande d'égout débordant la corniche dans l'ourlet; on rabattra de chaque côté, sur

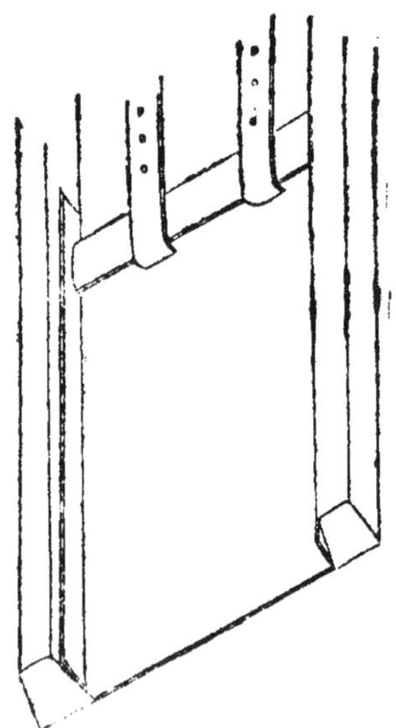

Fig. 94.

le relief de la feuille contre les tasseaux, les bandelettes à cheval ou pattes disposées à cet effet sous
le tasseau, et la feuille se trouvera maintenue sur
les côtés et reliée à celle inférieure.

A la partie supérieure, on la maintiendra par deux
agrafes, soit deux autres bandelettes en *zinc fort*,

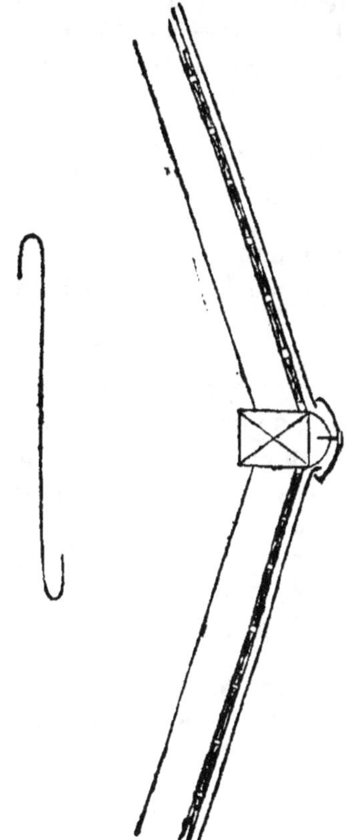

Fig. 95.   Fig. 96.

clouées sur la volige à une de leurs extrémités et repliées à l'autre sur la feuille de zinc, comme à la fig. 94, de manière à saisir le pli supérieur de la feuille et à l'empêcher de glisser.

La seconde feuille se pose de la même manière ; seulement l'ourlet ou rouleau inférieur est remplacé par une agrafe plate pénétrant dans l'agrafure supérieure de la première feuille et recouvrant les bandelettes fixées sur la volige et déjà agrafées dans le même pli. (Fig. 95.)

On continue ainsi jusqu'au faîtage.

Poutre de faîtage.

La poutre qui doit former le faîtage doit porter une sorte de tasseau fort de 0^m,07 à 0^m,08 de hauteur.

La partie haute de la dernière feuille, au lieu d'être rabattue à plat, sera seulement relevée à angle obtus le long de ce tasseau de faîtage. (Fig. 96.)

On posera ainsi et successivement toutes les bandes de toitures entre les tasseaux, et l'on ne s'occupera des couvre-joints en zinc, qui doivent recouvrir ces tasseaux, que lorsque plusieurs bandes de feuilles auront été mises en place et que toute la toiture paraîtra à peu près couverte.

Brésis ou combles brisés. — Pose d'une bande-agrafe pour maintenir la dernière feuille montante.

Dans le cas où le comble est brisé, le haut du rampant devra être préparé comme fig. 97.

Un feuillet de sapin, appelé chanlatte, de l'épaisseur de la volige C (fig. 98) fait suite au voligeage du comble supérieur et excède les bords en saillies pour servir d'égout.

La dernière feuille montante de zinc sur le rampant vient se relever en saillie de 0^m,06 à 0^m,08, A B (fig: 97), sous ce chanlatte.

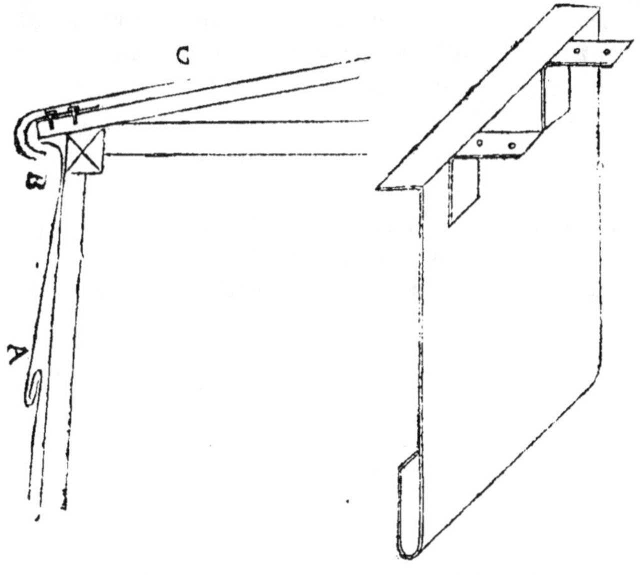

Fig. 97.   Fig. 98.

Ce redressement de feuille est agrafé par une bande de zinc de 0^m,05 de large environ, clouée en haut sur le chevron et la chanlatte : cette bande recouvre ainsi dans son pli la chanlatte et le relief de la dernière feuille montante. (Fig. 98.)

La tête des tasseaux du rampant vient se loger sous le bourrelet d'égout, et s'en isole, par la forme de biseaux, de manière à s'appuyer dans l'angle

Si la bande de zinc agrafée n'avait pas assez de rigidité pour soutenir la dernière feuille montante, que son poids tend à entraîner le long du rampant, on peut ajouter deux pattes en zinc soudées à chacune des feuilles qui aboutissent au sommet du rampant, au dos du relief, au point d'angle. (Fig. 98.)

Ces pattes seront clouées sur les chevrons du comble, et suffiront parfaitement à maintenir la dernière feuille de zinc.

Couvertures de comble.

Lorsque la couverture du rampant est ainsi arrêtée, on procède à celle du comble.

La première feuille devra seulement, à son ex-

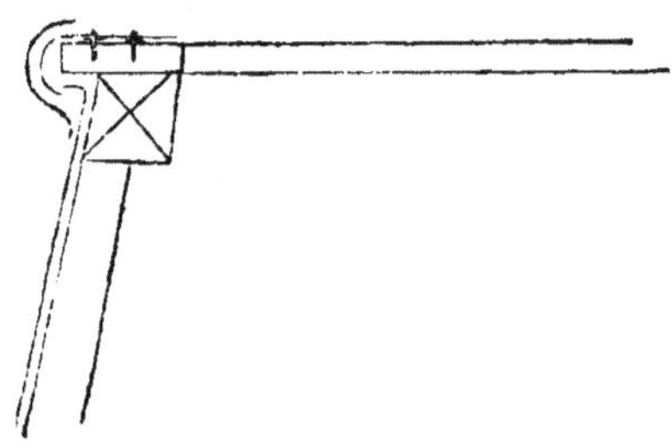

Fig. 99.

trémité inférieure, être roulée en bourrelet d'égout de 0^m,025 à 0^m,030 (fig. 99) de diamètre, pour bien embrasser la bande d'agraffe, le feuillet de sapin sortant et le relief de la dernière feuille montante du rampant. (Fig. 100.)

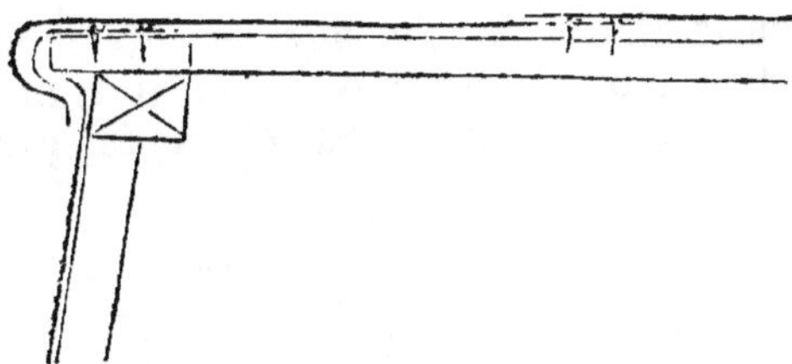

Fig. 100.

On peut donner à ce bourrelet la forme de la

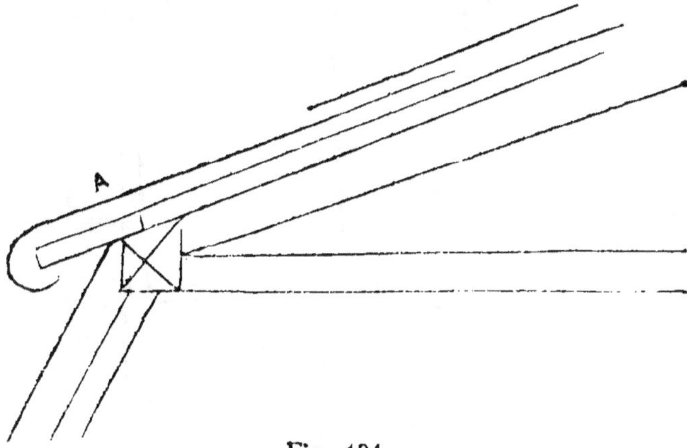

Fig. 101.

fig. 101 qui brise nettement la goutte d'eau et évite ainsi toute filtration par capillarité.

Combles peu inclinés.

Si la pente du comble était au-dessous de 17 degrés, qu'on trouvât un inconvénient à agrafer les feuilles, et que le comble ne fût pas très large, on pourrait, à la rigueur, souder les feuilles sur leur largeur, au lieu de les agrafer (fig. 102), en leur laissant la libre dilatation contre les tasseaux, et en maintenant

chacune d'elles par des agrafes intérieures à dilatation libre, ou par deux ou trois clous placés au haut
de la feuille dans des trous allongés, pratiqués avec

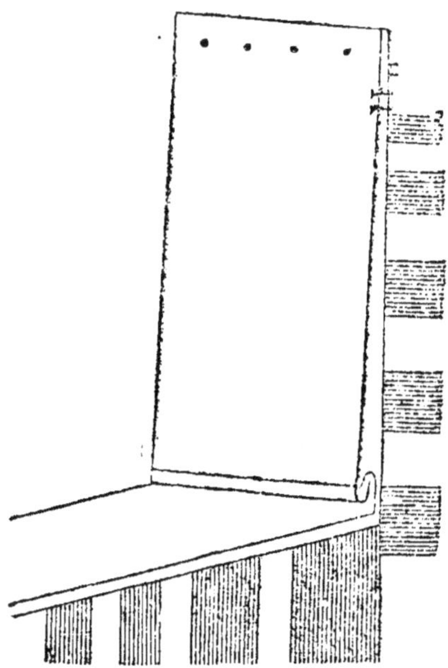

Fig. 102.

l'emporte-pièce et permettant à la feuille de s'élever
ou de s'abaisser sous ces clous destinés seulement à
empêcher que son poids ne fatigue la soudure qui
lui relie la feuille supérieure. (Fig. 102.)

Sur deux ou trois feuilles.

La dilatation se communique d'une feuille à l'autre
et remonte jusqu'au haut du comble.

La dernière feuille, qui arrive au comble, doit se
relever à 0^m03 ou 0^m04 du mur ou du tasseau du

comble et être recouverte à son tour par une autre
bande de zinc BB (fig. 103), qui permette la dilatation
de toute la bande de feuilles soudées les unes aux
autres.

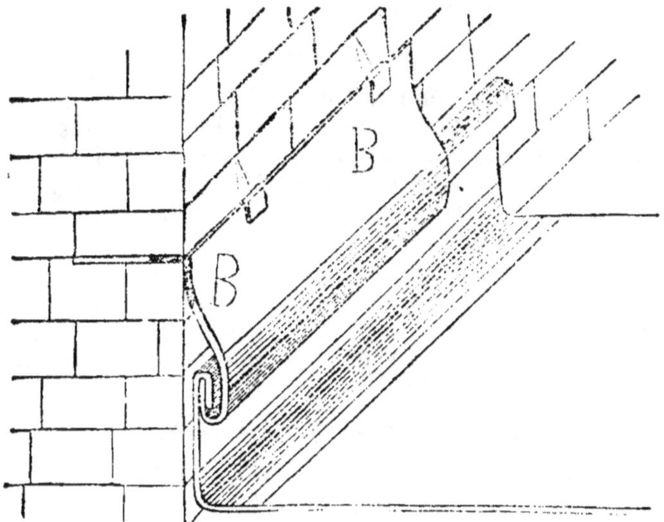

Fig. 103.

Quel que soit le nombre des feuilles soudées, la
dilatation s'opère toujours avec facilité, si les clous,
à l'extrémité de chaque feuille, sont placés dans les
entailles oblongues parallèles aux reliefs de la feuille :
plus le comble est plat, plus la dilatation est facile,
en ce que chaque feuille de la colonne des quatre ou
cinq feuilles entre tasseaux ne pesant que sur elle-
même, elle peut se mouvoir instantanément à son
extrémité sous les clous qui la retiennent, et ne
l'empêchent pas de s'allonger dans ses effets de
dilatation; quant à la largeur du comble, elle est
zéro dans ces effets, puisque la dilatation s'opère
travée par travée, indépendante l'une de l'autre.

Il ne faut, en aucun cas, quand la couverture est soudée, mettre des bandes d'égout; ces bandes se dilatant en sens inverse de celui des travées, finissent par faire casser la soudure de la première feuille soudée sur elles-mêmes.

Couvre-joints.

Nous avons amené la toiture à être entièrement recouverte, sauf les tasseaux de bois qui ne sont revêtus de zinc que latéralement par le relief des feuilles; comme dernière opération de la toiture, il s'agit de recouvrir ces tasseaux de bandes de zinc appelées couvre-joints.

Les bandes de zinc qui sont destinées à former ces couvre-joints doivent être prises autant que possible dans des feuilles de numéros plus forts que celles qui ont servi à la toiture, pour que leur rigidité maintienne mieux les feuilles latérales.

Étirer les couvre-joints dans le fil du zinc.

On doit observer, en coupant les feuilles, que le zinc a un fil, comme tous les métaux, dans le sens de son laminage et qu'il offre beaucoup de résistance lorsque ce fil n'a pas été rompu.

Si l'on veut faire un pli au zinc perpendiculairement au fil, on le sent de suite à la raideur que l'on rencontre le long du pli; horizontalement au fil, le pli est bien plus facile.

Il faut donc, si c'est possible, que la longueur des couvre-joints soit parallèle au fil du zinc.

Le meilleur moyen, pour les faire, est de les tirer au banc; on y trouve plus de régularité, plus d'économie.

Couvre-joints à biseaux.

La forme la plus convenable à leur donner est celle de la fig. 104, avec un petit biseau A B.

L'effet de ces biseaux est d'empêcher les eaux pluviales de remonter, par suite de l'action capillaire, comme cela aurait lieu si le couvre-joint était en contact direct avec le relief de la feuille.

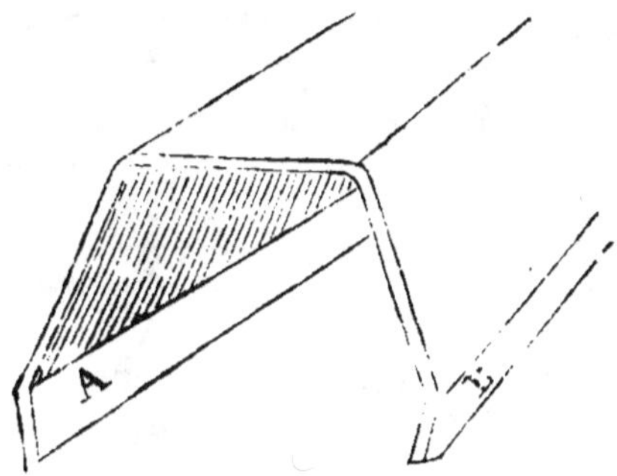

Fig. 104.

Ce biseau donne aussi plus de raideur au bord inférieur du couvre-joint.

Le couvre-joint doit couvrir le relief de la feuille contre le tasseau de 0^m02 environ.

A défaut de banc à tirer, on fait les couvre-joints sur les matrices avec la batte, comme nous l'avons indiqué.

Vis assujettissant le couvre-joint.

Pour assujettir le couvre-joint sur le tasseau, la méthode ordinaire est d'employer des vis, ou clous

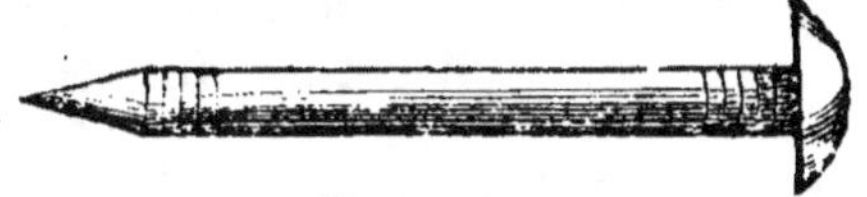

Fig. 105.

de zinc, dits clous à couvre-joint (fig. 105), qui traversent le zinc et le tasseau de part en part.

On doit donc percer d'abord à l'emporte-pièce, et

du dedans au dehors du couvre-joint, à distance convenable, de petits trous, à travers lesquels passeront les vis qui doivent assujettir ces couvre-joints. (Fig. 106.)

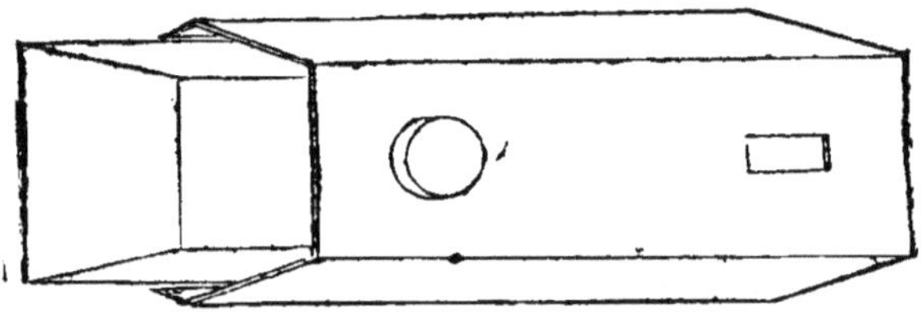

Fig. 106.

Ces trous seront percés de dedans en dehors, comme il est dit plus haut, pour empêcher la filtration des eaux.

Dans les endroits où l'on désire beaucoup de résistance, on peut employer des clous ou vis de fer sans inconvénient.

Calotins en zinc.

Par dessus la tête de cette vis, on place une rondelle en zinc, formant calotte, que l'on soude au couvre-joint sur tout son pourtour. (Fig. 107.)

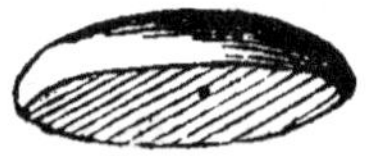

Fig. 107.

Couvre-joints agrafés.

D'autres manières d'assujettir le couvre-joint sont plus minutieuses, mais offrent d'assez grands avantages.

Le premier couvre-joint, posé au haut du rampant, est seul assujetti par une vis, et le plus souvent cette vis est cachée elle-même par le petit couvre-joint tête qui est seul soudé à l'arêtier et vient recouvrir le premier couvre-joint descendant.

7.

L'extrémité inférieure de couvre-joint descendant porte trois petites pattes agrafes dans lesquelles le haut du second couvre-joint, convenablement replié, doit venir s'agrafer.

En même temps, l'on peut souder dans l'intérieur des couvre-joints de petites pattes recourbées qui viendront s'agrafer sur les tasseaux de bois dans

Fig. 108.

des entailles recouvertes d'une petite bande de zinc fort, de telle manière que le couvre-joint devient inébranlable sur le tasseau et étend la solidarité à toute la couverture, en multipliant encore les points d'attaches. (Fig. 108.)

Fermeture du bas du tasseau.

Il ne nous reste plus qu'à fermer le bas du tasseau à son extrémité vers le bord du rampant.

Pour cela, on recouvre la tête du tasseau avec une patte B en zinc (fig. 109) qui vient, par une

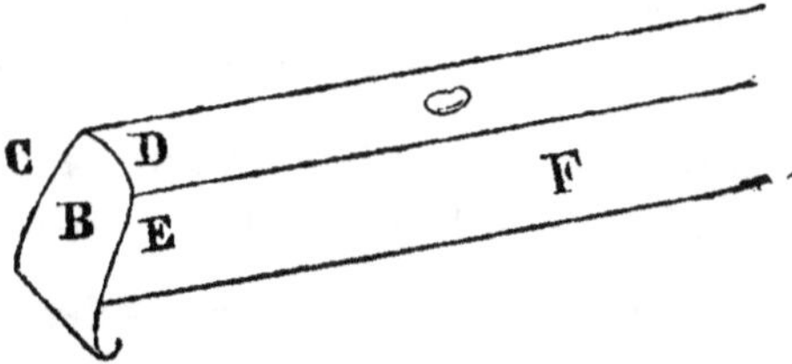

Fig. 109.

soudure, fermer les trois côtés C D E du couvre-joint F.

Couvre-joints de l'arêtier et du faîtage.

Les couvre-joints de l'arêtier et du faîtage se posent de même; à leurs rencontres multipliées avec les autres couvre-joints montants, une soudure devient nécessaire pour la tête des couvre-joints montants qui vont s'encastrer dans la grande ligne de l'arêtier.

Cette soudure pourrait gêner la dilatation d'un long couvre-joint, et il est bien préférable de préparer à l'arêtier de petites têtes de couvre-joints, de 0^m10 à 0^m15, qui seules sont soudées à cet arêtier et viennent lui relier les couvre-joints montants du comble, tout en laissant la dilatation libre.

La vis qui est mise à l'extrémité supérieure du couvre-joint sera recouverte, comme nous l'avons dit plus haut, par la tête de couvre-joint supplémentaire; les autres couvre-joints sont fixés les uns aux autres, en descendant, par des agrafes et des pattes s'accrochant sur les tasseaux. La toiture sera parfaite et l'on évitera même l'apparence des clous et des calotins.

Avantages de la toiture à tasseaux.

Les détails que nous venons de donner suffisent pour l'exécution *d'une toiture simple en plein comble;* les difficultés principales sont les noues, les raccords avec les souches de cheminées, avec les lucarnes, avec les murs mitoyens : nous allons nous en occuper dans un chapitre spécial.

Nous ferons observer seulement que la toiture à tasseaux se prête admirablement à vaincre toutes difficultés.

Elle peut s'employer sur toutes pentes depuis celle de 0^m18 par mètre.

Des réparations y sont rarement nécessaires; elles sont toujours peu coûteuses.

Enfin, un ouvrier intelligent, avec des cisailles et un battoir, peut exécuter cette couverture dans tous les pays.

COUVERTURE GARDISSARD [1]

à tasseaux cannelés.

Le zinc est celui des métaux qui depuis son emploi en couverture de bâtiments a pris le plus d'extension. Depuis vingt-cinq ans environ l'usage que l'on en a fait pour ces travaux a vivement occupé les ouvriers qui l'emploient. De ce nombre nous comptons les plombiers, zingueurs et couvreurs, qui, calculant par expérience les effets de la dilatation, parviennent à l'employer convenablement en couverture.

Malgré tous les soins que l'on a apportés dans l'ancien système (fig. 1) pour réunir les feuilles, la

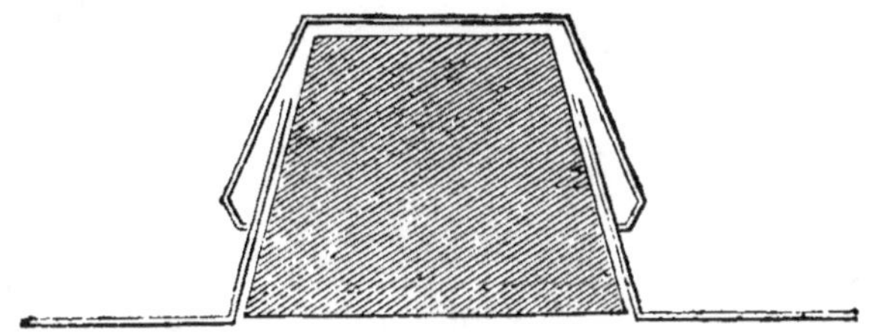

Fig. 3.

dilatation, dont on ne peut arrêter les effets, influe d'une manière désavantageuse sur le couvre-joint qui, une fois isolé des reliefs des feuilles qu'il embrasse au moment même où il est posé par l'ouvrier, ne peut plus revenir à son point de départ, et laisse accès ou prise au vent qui finit par l'arracher;

[1] Extrait du *Journal des Patentes et Brevets*, octobre 1846. Couverture GARDISSARD, entrepreneur, rue Fontaine-Saint-Georges, n° 17-14.

alors la pluie poussée avec force, ne trouvant plus d'obstacle, glisse par-dessus le relief et s'infiltre sur les planchers qu'elle dégrade.

Pour remédier à ces inconvénients, M. Gardissard a inventé un genre de tasseaux qu'il a adaptés à la couverture à laquelle il a donné le nom de *couverture Gardissard, à tasseaux cannelés.*

Ces tasseaux, comme on le voit fig. 2 et 3, se

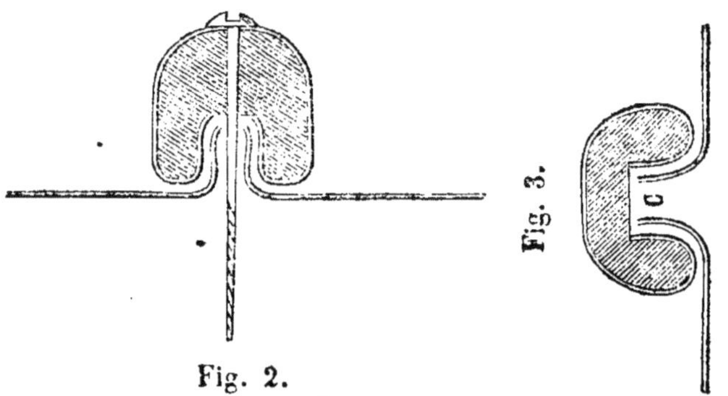

Fig. 2.

composent simplement d'une baguette de bois dem-sphérique ou de toute autre forme, cannelée ou évidée, et complétement recouverte d'une feuille de zinc rabattue sur les parois de la cannelure. Ils se posent à cheval sur les feuilles et sont fixés sur les combles par de longues vis convenablement espacées, recouvertes d'une calotte en plomb ou en zinc. Les reliefs des feuilles viennent se loger dans la cannelure du tasseau, qui devient un petit toit recouvrant l'espace qui les sépare et au milieu duquel passent les vis.

Pour les couvertures de combles les tasseaux ont une hauteur de 0^{m}040 à 0^{m}050, qui peut être augmentée ou réduite en raison de la pente. Cette hauteur devient presque insensible en allongeant la forme du tasseau (fig. 3), lorsque l'on veut couvrir les terrasses ou des toits sur lesquels il faut monter souvent.

Ce système de couverture a été soumis par M. Gardissard à l'examen de personnes compétentes, et nous pouvons dire que toutes l'ont apprécié, et que plusieurs architectes l'ont l'employé sur des bâtiments importants.

M. Gardissard garantit pendant vingt ans son système de couverture, si on lui laisse la direction de la pose des chevrons.

Ce système est d'autant plus solide et supérieur à tous les autres, que les pluies les plus fortes, les neiges les plus abondantes, lors même qu'elles fondent subitement, ne peuvent douner accès à aucune fuite et même à la moindre capillarité par l'isolement complet qu'il y a entre les reliefs de la feuille et la joue intérieure du tasseau, et cela quand la couverture formant terrasse n'aurait que trois cents mètres de pente par mètre.

Couverture en ardoises de zinc.

On a inventé beaucoup de systèmes de couvertures ; on a cherché à estamper le zinc de mille manières, à faire, par exemple, des ardoises de la forme ci-jointe. (Fig. 110 et 111.)

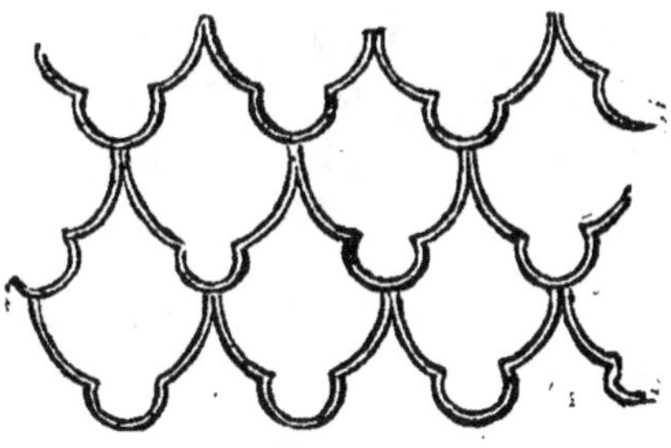

Fig. 110.

Ces ardoises offrent des joints trop multipliés; si la pose en est facile, les réparations sont assez fré-quentes.

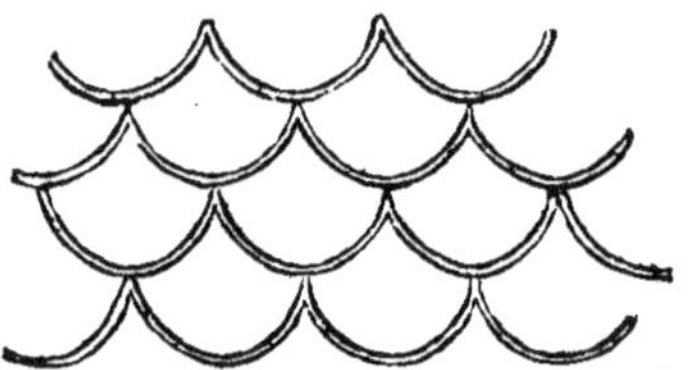

Fig. 111.

Feuilles en zinc cannelé.

On peut faire d'excellentes toitures avec des feuilles cannelées comme celle ci-contre. (Fig. 112.)

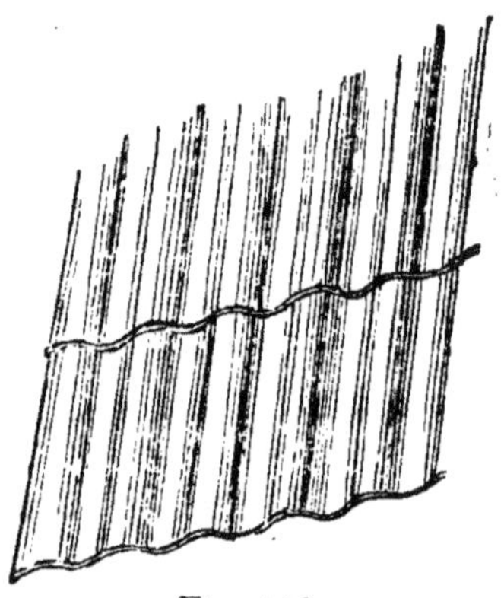

Fig. 112.

La cannelure donne au zinc beaucoup de raideur et cette couverture est d'un joli effet.

Couvertures en zinc dites à écaille, à losanges.

On a fait aussi des couvertures dites à écaille, à losanges, d'après divers dessins, etc. (Fig. 113.)

Avec un mouton et quelques matrices, on peut varier à l'infini ces modèles, mais ils ne peuvent

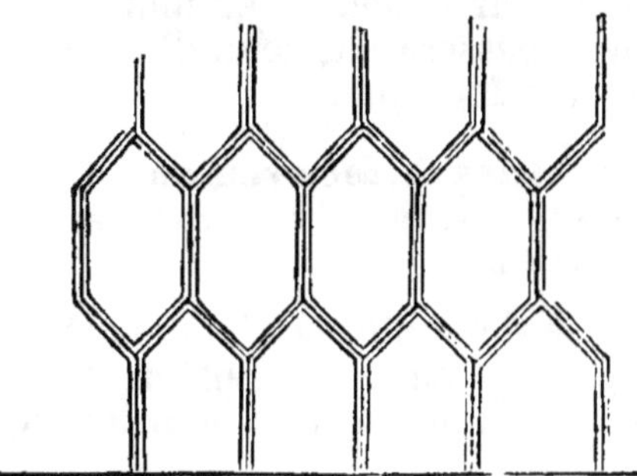

Fig. 113.

être employés que pour les constructions de luxe et avec une certaine inclinaison.

Leur prix de revient est beaucoup plus élevé que celui de la toiture à tasseaux.

Entreprendre leur description détaillée serait sortir du plan du Manuel qui s'occupe principalement des travaux ordinaires.

Garde-robes vitro-gommées à double effet d'eau, de M. Gardissard.

Ce système, que je n'annonce ici que comme un simple avis, présente, par la combinaison de son nouveau mécanisme, un avantage réel et positif qui ne peut être apprécié qu'en l'examinant sur le modèle que je soumettrai à MM. les architectes de Paris qui le désireraient par demande écrite.

Je m'abstiens de toute réclame, ne voulant pas dépasser le but que je me suis proposé dans ce Manuel. Je préfère une critique sévère de mon système à un éloge qui viendrait de ma part. L'une sera plus juste et l'autre plus mérité, s'ils me viennent d'un examen sérieux et impartial.

Les cuvettes porteront l'inscription ci-dessus, et avec mon nom sur l'appareil en fonte.

Le prix ne dépassera pas celui des appareils ordinaires de bonne fabrique.

Nouveau robinet à mouvement excentrique sans ajustage, à force comprimée et à l'abri de tout oxyde.

Ce robinet se démonte, et chaque pièce peut être remplacée par les parties supplémentaires livrées avec le robinet; il peut servir pour les oxydes.

CHAPITRE VIII.

NOUES, RACCORDS, LUCARNES, FENÊTRES, CHASSIS A TABATIÈRES ET MENUS TRAVAUX DE BATIMENTS EN ZINC.

Noues. — Forme de la feuille de noue. — Sa rencontre avec les tasseaux et feuilles du comble. — Solins ; précautions à prendre pour les établir. — Manière de faire promptement les solins. — Angles de cheminées. — Recouvrement des corniches et entablements. — Raccords autour des rampes, balcons, etc. — Lucarnes et fenêtres de mansardes. — Couverture des parois d'une lucarne. — Couverture du comble d'une lucarne. — Cintrage des tasseaux, feuilles de couvre-joints. — Façades de lucarnes en zinc. — Fenêtres, appuis de croisées. — Soubassements. — Filtration des eaux pour les rainures

des battants des croisées ; comment on peut s'en garantir.
— Châssis à tabatières. — Tuyaux de cheminées en zinc.

Noues.

Une noue n'est, à proprement parler, qu'un chéneau vertical : pour bien l'établir, il faut avoir dis-

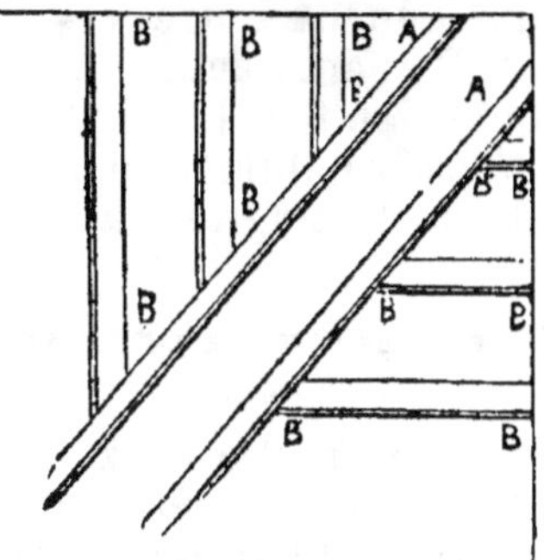

Fig. 114.

posé deux chevrons AA, sur lesquels les talons des
autres chevrons viendront reposer (fig. 114), en
donnant à la noue une profondeur au moins égale
à celle des chevrons.

En établissant la toiture il faut placer les feuilles
qui tapissent le fond de la noue avant de poser les
tasseaux descendant sur elle et avant les feuilles
qui viennent la rencontrer en diagonale.

Forme de la feuille de noue.

Une feuille de noue aura la forme de la fig. 115
pour s'appuyer contre les chevrons A A de chaque

Fig. 115.

côté, et s'agrafer avec toutes les feuilles du comble
qui la rencontreront en diagonale et avec les recouvrements de leurs tasseaux.

Sa rencontre avec les tasseaux et feuilles du comble.

Elle sera posée comme une feuille de chéneau, puis on placera les tasseaux B B des pentes qui viennent déverser leurs eaux dans cette noue, puis les feuilles qui viennent entre ces tasseaux; ou coupera ces dernières en diagonale, selon leur rencontre avec la noue, en leur laissant un bord-ourlet qui s'agrafera dans la feuille de noue. Les couvre-joints viendront encore s'agrafer à la noue par dessus les feuilles.

Solins. — Précautions à prendre pour les établir.

Lorsqu'une grande feuille de zinc arrive contre un mur et qu'on a monté le relief de 3 à 4 centimètres, il n'est pas prudent de le couvrir directement de plâtre.

La dilatation du métal fait en général casser le plâtre; il vaut mieux suivre la méthode (fig. 116).

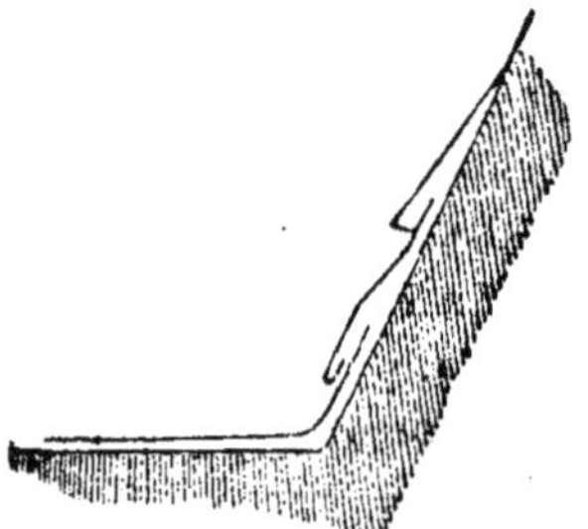

Fig. 116.

Clouer sur le mur la bande de solin de 0ᵐ08 à 0ᵐ10 de largeur et façonnée à sa base, soit d'un bord d'un cent. de large demi aplati, et prise sur la largeur de la feuille par les raisons que nous avons données page 96, pour les bandes clouées au bord des égouts pour arrêter le soulèvement des feuilles.

Manière de faire promptement les solins.

Il faut d'abord avoir soin de hacher un peu le mur et de le mouiller, si l'on veut que l'adhérence du plâtre que l'on met en solin soit parfaite.

Lorsque la bande de solin qui recouvre le relief de la dernière feuille est posée avec des clous dont la tête est isolée du mur de 2 cent environ, pour retenir et consolider le plâtre, on pose une règle de 0^m02 à 0^m03 d'épaisseur au plus en biseau (fig. 117).

Fig. 117.

recouvrant une partie de cette bande; on applique le côté D sur le mur où je jette le plâtre sur la partie C en l'étendant, et le solin fini présente un angle aigu saillant qui rejette la goutte d'eau.

Recouvrements, corniches, entablements.

Le recouvrement des corniches, entablements, attiques, bandeaux doit être fait avec soin: un bourrelet de 0^m015 à 0^m020, assez fort pour ne pas fléchir à la chaleur, sera soutenu par des pattes en fer à scellement qui le maintiendront en le garantissant des coups de vent. Ce bourrelet sera éloigné d'un centimètre au moins du listel.

Les feuilles, si on les soude, auront à chaque extrémité des entailles oblongues parallèles au bourrelet dans lesquelles seront fixés les clous enfoncés dans le massif de la partie recouverte; on relèvera un relief de 0^m02 à 0^m03 de hauteur pour le caser dans l'évidement préparé dans le mur. Ce relief peut être cloué, mais fixer les clous dans des entailles pareilles à celles des extrémités de chaque feuille;

une bande de zinc recouverte de solins garantira toute filtration d'eau.

Ces mêmes entailles faites sur le bord des feuilles n'empêcheront pas la dilatation, quoiqu'elles soient garnies d'un clou recouvert d'une calotte ovale ; on aura soin de laisser la bavure : elle peut garantir la filtration des eaux.

Dans les parties où les feuilles ne seront pas soudées, on joindra par des coulisseaux aplatis leurs extrémités qui seront disposées de la même manière que ces coulisseaux.

Pour empêcher, sur un entablement attique ayant une inclinaison trop prononcée, le glissement des feuilles qui ne peuvent être soutenues par les pattes en fer, on soudera à leur bout des pattes par les entailles où se mettront les clous, et laissant la dilatation libre, les retiendront dans l'échappement qui pourrait se faire par le propre poids des feuilles du zinc ou par le fouettement des vents.

Angles de cheminées.

Dans les espaces réservés aux angles de cheminées, le travail est facile, au moyen de petites bandes de zinc posées de la même manière et venant se raidir en ourlets sur les bords relevés des grandes feuilles de toiture dans tous les angles.

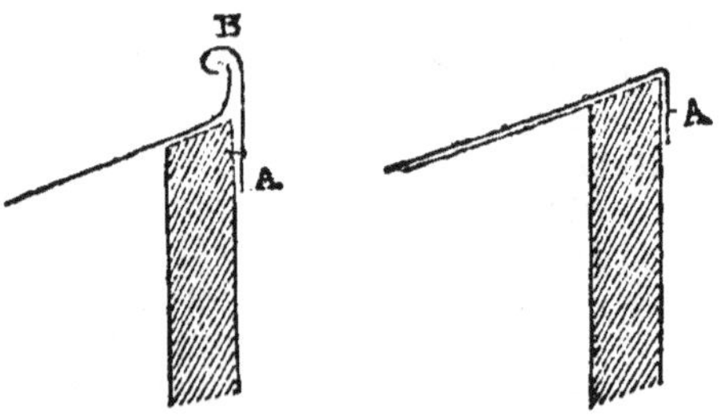

Fig. 118.   Fig. 119.

Dans tous les angles rentrants ou saillants que

l'on rencontre, il faut agir avec les mêmes soins, pour laisser au zinc toute faculté de dilatation, ne pas clouer les grandes feuilles de zinc directement sur le mur, mais les y rattacher par des bandes clouées sur le mur séparément de la feuille de zinc, dont elles embrassent le relief par un bourrelet (fig. 118), et ne pas clouer au contre-bas, quand il ne peut être fait de solin, le relief rabattu en sens inverse. (Fig. 117.)

Raccords autour des rampes et poteaux de balcons.

Lorsqu'on ajuste la feuille autour d'un poteau, contre une rampe, il faut, après avoir fait le raccord soudé sur la feuille, ne pas la faire joindre, appuyer directement à sa base sur ledit poteau ou arc-boutant, afin de laisser un libre jeu à la dilatation.

Il est essentiellement nécessaire de souder sur le montant en fer un collet plutôt en cuivre qu'en zinc qui descend en recouvrement sur le relief du raccord, ou de le clouer si le poteau est en bois, en lui faisant un biseau qui s'engrave dans une rainure préparée dans ce bois.

Lucarnes et fenêtres de mansardes.

L'on couvre maintenant presque toutes les lucarnes en zinc; les parois ou joues de la lucarne sont même établies en zinc.

Couverture des parois d'une lucarne.

Pour couvrir en zinc les joues d'une lucarne, on peut, sur le relief de la feuille qui longe la base, faire une agrafure dans laquelle celle de la première feuille, recouvrant la joue, viendra se relier.

Il faut d'abord fixer, contre la joue de la lucarne, des pattes de distance en distance, qui retiennent fixe sur le mur le relief de la feuille.

La longueur de la joue étant ordinairement de

deux mètres, on place les tasseaux selon la largeur de la feuille employée.

Pour fixer et arrêter la descente des feuilles, si elles touchent à l'égout de la lucarne, on emploiera pour celles-ci le même mode que pour les feuilles des rampants, figures 100, 101, 102, 103, page 110.

Si la hauteur de la joue dépasse la longueur de deux mètres, on peut, comme dans les couvertures dont les feuilles sont soudées, faire aux têtes les entailles recommandées pour celles-ci, les clouer de même et les souder. La dilatation de la première feuille se portera vers l'agrafure du relief, et celle de la partie soudée se portera sur le relief de sa tête dans le bourrelet de la feuille de l'égout.

Nous disons de souder, parce que ce ne peut être que la première feuille qui peut ne pas être assez longue pour le côté du poteau.

Couverture du comble d'une lucarne.

Pour la couverture du comble de la lucarne, et selon sa forme, on établira, ou un tasseau de faîtage et d'autres tasseaux perpendiculaires, ou des tasseaux cintrés, si la lucarne forme dôme.

Cintrage des tasseaux, feuilles et couvre-joints.

Pour faire prendre le cintre du dôme, il faut, suivant la courbe, donner des coups de scie sur le tasseau; le vide fait par ce trait en facilite le cintrage. Le même moyen s'emploie pour les parties concaves. Les reliefs des feuilles prennent la forme du cintre avec le marteau à gorge ou la panne d'un marteau ordinaire, ou par des coups de cisaille donnés par distance. Les couvre-joints prennent la courbe par le même moyen d'entailles sur les flancs, ou sur le plomb avec le marteau à boudin.

On peut aussi, au moyen d'une molette et du laminoir, cintrer dans tous les sens les couvre-joints selon la courbe du dôme à couvrir.

La partie inférieure de cette feuille vient s'agrafer sur la petite bande de renfort débordant à l'extérieur par un ourlet assez raide.

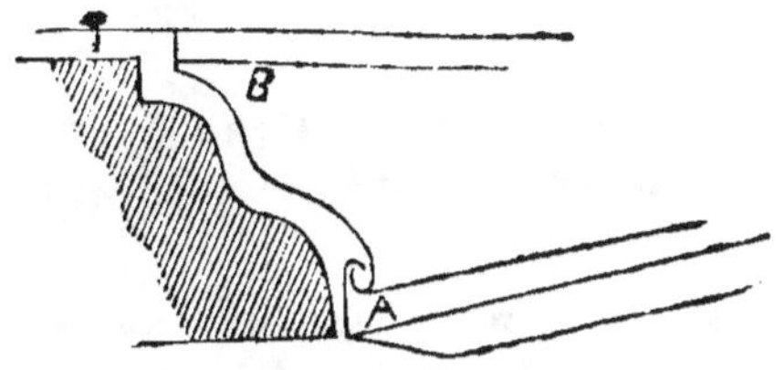

Fig. 121.

Avec quelques coups de marteau on fait suivre à la feuille tous les contours du soubassement qu'elle doit recouvrir, puis on relève la partie supérieure horizontalement le long de la croisée ; on l'assujettit avec quelques clous, ou mieux on l'agrafe contre une autre bande de zinc clouée, formant ourlet avec elle.

Si la surface du soubassement était trop large, on pourrait éviter les clous, et réserver toute facilité à la dilatation en faisant une entaille au bord de la fenêtre, sur laquelle viendrait se rabattre la partie supérieure de la large bande de zinc.

Cette large bande serait retenue par une agrafure à une petite bande de zinc supérieure qui seule serait clouée.

Si l'on pose ces bavettes en construisant le bâtiment, on peut glisser la feuille sous le dormant dans lequel on aura pratiqué une rainure de $0^m,020$ mill. à $0^m,025$ mill. de haut.

Les reliefs de côté se placeraient dans l'évidement que l'on fait dans le bas des tableaux pour placer les appuis, et seraient recouverts de plâtre. quand on aurait fait les enduits des tableaux. Il est bon seulement de laisser un peu d'espace pour le jeu du zinc, et ne pas le mettre en contact avec le plâtre directement, comme nous l'avons dit plus haut.

Ce mode ne peut du reste s'employer que dans les bâtiments où le zinc est posé avant les croisées.

Filtrations des eaux par les rainures des battants de croisées. — Comment on peut s'en garantir.

En parlant des appuis de croisées, nous croyons devoir rappeler combien il est facile de garantir la filtration des eaux qui viennent dans les appartements par les rainures des battants de croisées.

Il suffit de pousser une rainure au quart de rond dans la pièce d'appui de la croisée, au droit de la joue intérieure, en établissant deux pentes dans cette rainure sur la longueur, et la perçant au point le plus bas de trous qu'on garnit de petits tuyaux en zinc.

Si, par un grand vent, l'eau s'introduit dans les feuillures, elle redescend à l'extérieur par ce petit canal.

Châssis à tabatières.

La façon et la pose d'un châssis à tabatières en zinc, qui pouvait jadis présenter une certaine difficulté, est un travail mis aujourd'hui à la portée de tout ouvrier zingueur.

La forme généralement adoptée pour le châssis à tabatières est celle représentée fig. 122.

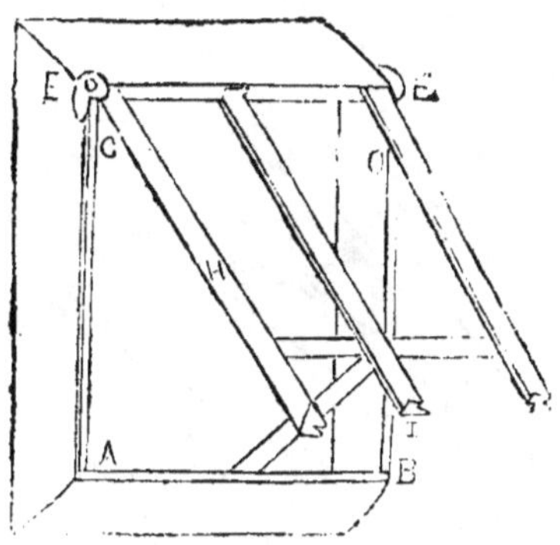

Fig. 122.

Sur quatre bandes de zinc cintrées, formant gorge, soudées bout à bout dans les angles, on place un encadrement A B C D en bandes de zinc laminé de 0m,03 mill. de diamètre, soudées sur les gorges à angle droit. Aux deux extrémités C D sont soudées deux pattes E E, percées à leur centre pour recevoir les deux bouts de tringle de l'encadrement supérieur H et former charnière.

Cet encadrement supérieur est à feuillure I pour recevoir les carreaux. Les feuillures s'étirent au banc comme les moulures en général et se soudent pour former le châssis.

Pour ajuster le châssis sur une couverture en zinc on s'y prend de la manière suivante. (Fig. 123.)

Les gorges A B C D, qui sont soudées avec le double châssis. sont elles-mêmes soudées sur la feuille H.

La feuille H s'agrafe à son tour et se relève sur chaque côté des tasseaux comme les feuilles ordi-

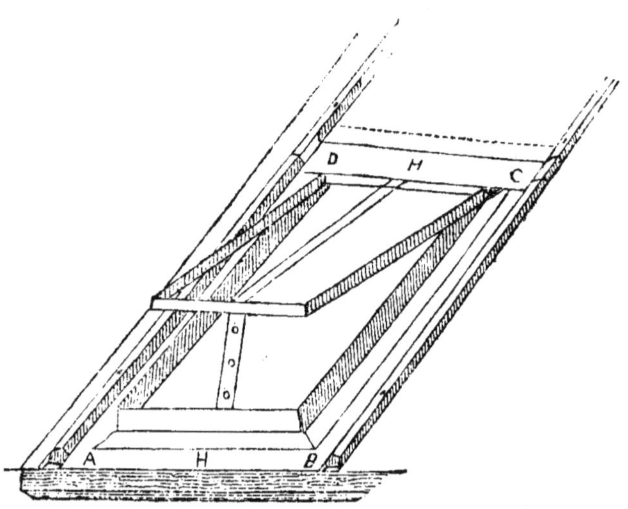

Fig. 123.

naires de sa toiture, et a une force suffisante ainsi fixée pour soutenir l'appareil du châssis.

En Angleterre, on a une manière toute particulière de former les châssis; on se sert de bandes de zinc prises sur des feuilles de 8 à 10 millimètres d'épaisseur; ces bandes ont généralement de 3 à 4 centimètres de largeur; on ajuste de champ avec elles et on soude des moulures, et le tout donne le profil vertical suivant. (Fig. 124.)

Les carreaux sont fixés contre la moulure au moyen de petites chevilles ou goupilles et de mastic.

Ces sortes de châssis présentent à la fois de l'élé-

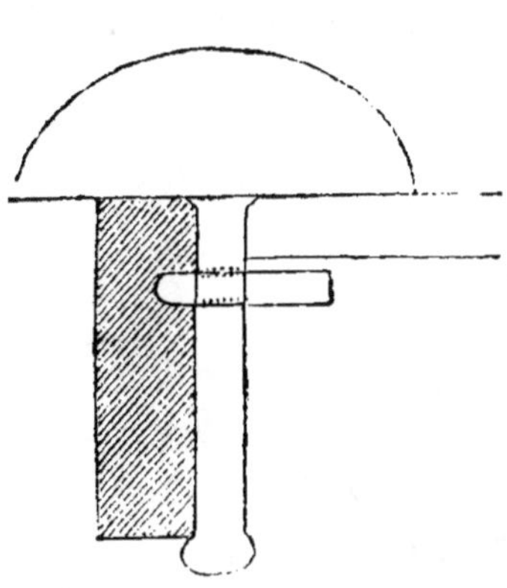

Fig. 124.

gance, de la solidité et ne reviennent pas plus cher
que ceux faits en France.

Tuyaux de cheminée en zinc.

Encore un emploi bien général en Angleterre et
qui se développe bien lentement en France.

Des préjugés, des craintes exagérées empêchent,
sous ce rapport, le zinc de prendre toute la place
qu'il doit avoir un jour dans les constructions. Et
cependant bien des expériences et la pratique
maintenant prouvent l'avantage qu'a le zinc sur la
tôle qui se rouille et se détruit en peu de temps.

Le zinc, à une aussi grande distance du foyer
de la cheminée, rafraîchi sans cesse par l'air extérieur, ne craint pas de fondre.

En employant des numéros forts, comme 15 ou
16, on fait d'excellents tuyaux auxquels on peut
donner les formes les plus variées par suite de la

facilité qu'a le zinc à être travaillé. (Fig. 125, 126 et 127.)

Fig. 125.　　　　　Fig. 126.

Fig. 127.

Indestructible à l'air, supportant facilement la chaleur de la fumée et sa condensation, le zinc présente tous les avantages, ceux d'élégance, de bon marché et de durée. La confection des tuyaux en zinc est facile. On les travaille, soit au mandrin quand le diamètre n'est pas trop grand, soit au marteau et à la bigorne quand ils ont un certain développement.

On évite la soudure autant que possible, et l'assemblage des tubes, au moyen de rivets en zinc, est généralement employé.

CHAPITRE IX.

TERRASSES EN ZINC.

Marquises. — Terrasses en zinc. — Prix du mètre superficiel de terrasse en plomb et de terrasse en zinc. — Inconvénients du système à tasseaux et à coulisseaux extérieurs. — Système à coulisseaux intérieurs. Pose des chevrons et voliges.

Marquises, terrasses et auvents en zinc.

Les marquises sont ou un comble à une seule pente ou un comble avec deux croupes. Dans le premier cas, la pente se trouvant sur le devant ou adossée au mur par une inclinaison de 15 à 20 degrés, ramène facilement les eaux au point du branchement, destiné à la descente, par une pente en sens inverse de celle de toute la surface, c'est-à-dire la première inclinée régulièrement de droite et de gauche, et la seconde servant de chéneau plat aura zéro à sa naissance et finira, en baissant à la descente, par avoir autant de centimètres au-dessous de zéro que vous en aurez donné à sa surface par mètre. Cette pente peut être faite en plâtre, mais le meilleur moyen et le plus solide est de la faire avec le plancher.

Quant aux chéneaux pour les marquises à comble, nous avons donné pour ces sortes d'ouvrages des dessins qui peuvent s'appliquer facilement aux marquises.

Les reliefs des chéneaux ne seront point cloués sur la planche qui sert de frise ou de point d'appui à la draperie : une bande alaise vient les recouvrir, comme il est expliqué pour les socles de chéneaux ; l'extérieur des marquises peut être décoré par des estampés et autres objets fondus en zinc que l'on trouve dans les dépôts de la société de la Vieille-Montagne.

Le zinc offre pour la couverture des terrasses encore plus d'avantages que pour la toiture des bâtiments.

Le plomb, qui était employé à cet usage presqu'exclusivement avant le laminage du zinc, ne peut offrir la même résistance que sous une épaisseur bien plus forte, et le prix en est presque triplé.

Inconvénients du système à tasseaux et à coulisseaux extérieurs.

Cependant les tasseaux offrent des ressauts qui gênent la marche ; les coulisseaux s'écrasent sous le pied. Un ouvrier intelligent devra plutôt employer le système que nous allons décrire.

Système à coulisseaux intérieurs. — Pose des chevrons et voliges.

Sur des chevrons, posés sur une aire en plâtre *de mètre en mètre* et dans le sens de la largeur de la terrasse, on pose un lattis ou volige en bois de sapin du Nord de 0^{m}22 de largeur et de 0^{m}025 d'épaisseur.

Cette volige se trouve posée dans le sens de la pente de la terrasse, avec un écartement de 0^{m}05 entre chaque planche composant ledit lattis.

Pose des coulisseaux.

Des coulisseaux creux et recourbés sur les deux côtés, comme fig. 128, viendront s'enchâsser dans les écartements ; ils seront distancés d'une largeur de feuille, cette feuille devant déborder sur eux de chaque côté. (Fig. 128.)

Les coulisseaux ayant été glissés dans les écartements à distance convenable, on les maintient par une patte clouée sur la volige et soudée en A sur le rond du coulisseau. (Fig. 128.)

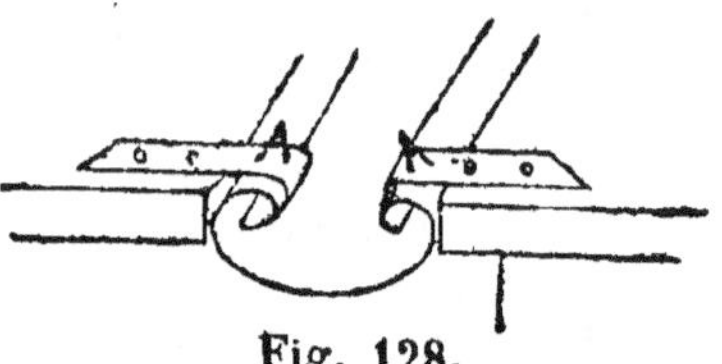

Fig. 128.

Le travail est meilleur, si l'on peut relier cette patte dans la courbure du coulisseau plutôt que de la souder.

Pose des feuilles de zinc.

La volige posée et les coulisseaux fixés de la manière que nous venons d'indiquer, on prépare aux feuilles sur les deux côtés un boudin d'un diamètre un peu plus fort que celui formé par le coulisseau ; on les entre naturellement, de bas en haut, dans les rainures formées par les coulisseaux, et on les pousse jusqu'au haut de la terrasse à couvrir, en ayant soin de laisser ces premières feuilles dépasser de 0m10 environ l'extrémité supérieure de la surface à couvrir.

Ces 0m10 serout employés à bien fixer les feuilles et à terminer la terrasse sur le côté supérieur, ainsi que nous l'indiquerons tout à l'heure.

On entrera les feuilles de la deuxième rangée de la même manière que les premières, en les poussant sous celles-ci, de telle sorte qu'elles soient recouvertes de 0m,10 environ, à moins que le peu de pente ne force à souder, auquel cas elles seront ajustées bout à bout avec un faible recouvrement, puis soudées ensemble.

Il en sera de même des feuilles du troisième rang, quatrième, etc.

Pour les dernières feuilles, c'est-à-dire les plus basses, celles qui terminent la terrasse dans le sens de la pente, on les bordera à leur extrémité et on les agrafera dans une bande de $0^m,20$ environ en zinc qu'on aura d'abord clouée à l'extrémité du plancher. (Fig. 129.)

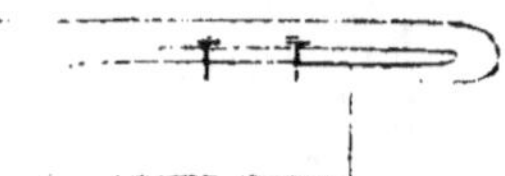

Fig. 129.

La terrasse ainsi terminée par le bas, on doit l'assujettir sur les côtés ; dans le sens de la largeur de la terrasse, les feuilles n'ont reçu le boudin que d'un côté, celui qui entre dans le coulisseau ; l'autre, qui dépasse de $0^m,10$ environ la surface à couvrir, sera relevé tout droit, à angle vif, de $0^m,10$ environ.

Les $0^m,10$ serviront à terminer les côtés de la terrasse, ainsi que nous allons l'indiquer.

1° Si la terrasse est isolée de tout mur ou corps de bâtiment, on devra clouer sur les murs montant à l'entour de la terrasse une bande en zinc de $0^m,30$ environ, laquelle viendra rejoindre l'autre bande de $0^m,10$, dont nous venons de parler, relevée sur les côtés à angle vif, et toutes deux se relieront entre elles par un double boudin dont on se rendra facilement compte en voyant la figure ci-contre. (Fig. 130.)

A est la bande clouée sur le mur à l'entour de la terrasse, B les $0^m,10$ relevés de chaque côté.

2° Si la terrasse est accotée à un mur ou corps corps de bâtiment, le relèvement B se fera de même contre le mur, mais à 0^m,10 ou 0^m,15 environ au-dessus de ce relèvement, on aura clouée sur le mur une bande de 0^m,30, laquelle bande viendra prendre le relèvement B (fig. 130), et à 0^m,10 ou 0^m,12 au-

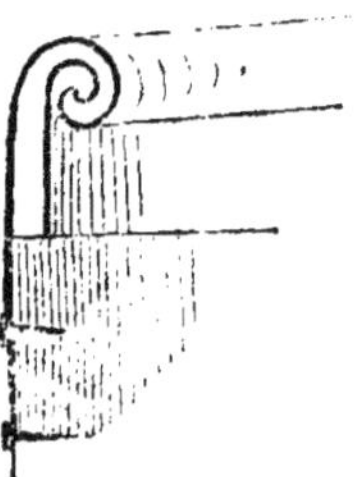

Fig. 130.

dessus de son point de jonction avec B, sera recouverte, ainsi que les clous qui la fixent, par une couche de plâtre (solin).

CHAPITRE X.

VOITURES DE PLACE, DE LUXE, TAPISSIÈRES, WAGONS COUVERTS EN ZINC.

Voitures de place, de luxe, tapissières. — Wagons de chemins de fer. — Des toiles grasses, du plomb et du cuivre pour couvertures de wagons. — Toits de wagons en
zinc. — Exécution de la couverture. — Chéneaux. —
Bande d'égout. — Couverture à coulisseaux. — Pose
des feuilles. — Pose des coulisseaux. — Avantages du
système.

Les voitures de place, de luxe, tapissières et wagons de chemins de fer peuvent être couverts en
zinc.

Voitures de place, de luxe, tapissières.

Pour les tapissières, voitures de place et de luxe,
l'espace à couvrir étant peu étendu, on se contente
de souder les feuilles entre elles, de les border sur
les côtés et de les agrafer dans une bande de 0ᵐ,04
à 0ᵐ,05 qu'on a eu soin de clouer à l'extrémité des
quatre côtés de la surface à couvrir. Par ce moyen,
la dilatation du métal se reporte très facilement aux
extrémités des deux feuilles.

Si la surface à couvrir était assez grande pour

craindre que la dilatation ne se fit pas assez librement, au lieu de souder les feuilles on peut les joindre par une simple agrafure plate (fig. 131),

Fig. 131.

en ayant soin de les fixer aux extrémités de la manière indiquée ci-dessus.

Wagons de chemin de fer.

Il est de toute nécessité que les wagons de chemins de fer soient couverts, si on veut qu'ils fassent un service convenable, et, parmi toutes les couvertures, aucune ne peut offrir les mêmes avantages réunis de *solidité et d'économie* que la couverture en zinc.

Des toiles grasses, du plomb et du cuivre pour couvertures de wagons.

Les toiles grasses ou goudronnées, les enduits dont on pourrait couvrir les toitures des wagons ne dureraient pas; le plomb serait trop lourd et trop cher; de plus, il aurait, comme sur les terrasses, l'inconvénient de se plisser, de se fendre. Le cuivre seul, sous le rapport de la durée, pourrait rivaliser avec le zinc; mais le prix du cuivre, comparé à celui du zinc, présente une différence trop grande pour que l'on puisse l'employer.

Le zinc vaut °₀ . . . . 70 fr. »
Le cuivre. . . . . 300 »

Toits de wagons en zinc.

Les toits des wagons ont ordinairement 5ᵐ,00 de longueur sur 2ᵐ,50 de largeur. Les feuilles de zinc employées pour les couvrir sont au nombre de six, et ont 2ᵐ,65 de long sur 0ᵐ,85 de large. Les fabricants de wagons, en adoptant une dimension exceptionnelle, ont voulu éviter les soudures qui sont généralement d'un mauvais aspect et nuisent d'ailleurs à la bonne confection du travail.

La couverture des wagons se fait comme celle des toitures.

Exécution de la couverture.

On commence par pratiquer, le long de la corniche qui excède la partie supérieure du wagon, une rainure mi-cylindrique, de 0ᵐ,10 de diamètre environ qui servira de chéneau.

Chéneaux.

Cette rainure sera plus creuse vers ses extrémités, afin que la pente facilite l'écoulement des eaux qui aura lieu par un petit tuyau placé dans l'intérieur de la corniche et qui la dépasse de 0ᵐ,03 à 0ᵐ,04.

On place dans cette rainure une bande de zinc d'une largeur de 0ᵐ,25 à 0ᵐ,30 ; cette bande de zinc, qui a pris sur un mandrin la forme de la rainure A (fig. 132), recouvrira, en s'y adaptant, le chéneau, et dépassera le bord extérieur du wagon B de 0ᵐ,04 et le côté opposé C de 0ᵐ,08.

Les 0^m,04 de bande sur le côté extérieur B se rabattent sur le rond de la corniche, et se fixent

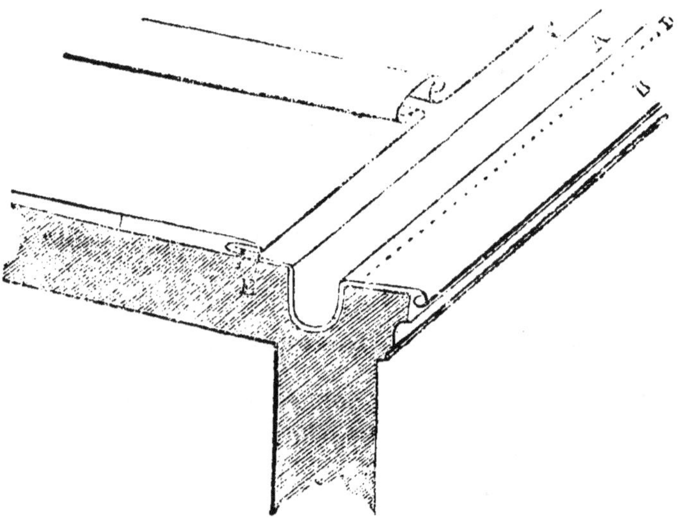

Fig. 132.

au-dessous du rebord ou sur le rebord même, suivant la forme de la corniche, par des petits clous en zinc D, distancés de 1 1,2 à 2 centimètres les uns des autres.

Bande d'égout.

Sur les côtés opposés C, c'est-à-dire intérieurs de la toiture du wagon, cette même bande, qui forme bande d'égout, se cloue, de 0^m,03 en 0^m,03 à environ 0^m,04 de la rainure, puis est repliée sur elle-même à pli vif, dans toute la longueur et la largeur du wagon, à partir de la ligne formée par les clous.

Ceci fait, on procède à la couverture du wagon.

Couverture à coulisseaux.

Le mode de couverture à employer sera le système à coulisseaux.

Nous avons déjà décrit ce système ; nous n'avons donc pas à y revenir avec de grands détails.

Rappelons que la bande d'égout qui, comme nous l'avons dit, se replie à angles vifs sur elle-même, servira à agrafer les feuilles de deux ou trois côtés, selon la place qu'elles occuperont.

Pose des feuilles.

Une seule feuille couvre toute la largeur du wagon.

La première feuille à la tête du wagon doit se raccorder avec les trois bandes d'égout de trois côtés et être repliée de ces trois côtés à angles vifs.

Du quatrième côté transversal au wagon la feuille est relevée en bourrelet de forme arrondie dans la longueur et comme il est indiqué dans la description du système à coulisseaux.

Fig. 133.

Les deux, trois, quatre et cinquième feuilles, dans le sens de leur longueur, seront relevées sur leurs deux côtés, de même que la première, aux points C, C (forme arrondie), puis recevront un pli vif en dedans sur les deux côtés A A. (Fig. 133.)

La sixième feuille, qui sera la dernière, sera préparée exactement de la même manière que la première, et, comme elle, s'agrafera de trois côtés dans la bande d'égout et fixera ainsi la couverture du wagon.

Pose des coulisseaux.

Il restera encore la pose des coulisseaux (fig. 134);

Fig. 134.

le travail en est aussi simple que facile ; on le trouvera indiqué d'ailleurs au chapitre XV du présent Manuel.

Seulement, comme il s'agit ici d'une surface plane, ou plutôt en dos d'âne, et que l'eau pourrait remonter par les coulisseaux à leurs extrémités, ils seront aplatis vers lesdites extrémités, puis rentrés comme les feuilles de zinc sous la bande d'égout.

Avantages du système.

Il n'est pas de système plus simple et moins coûteux dans l'exécution que celui que nous venons d'indiquer. Il offre encore l'avantage de pouvoir se démonter avec une grande facilité et sans endommager le travail, de telle sorte que si, après quelque temps de service, le wagon a besoin de réparations, elles peuvent se faire avec toute la facilité désirable. On peut ensuite reposer la couverture à très peu de frais.

CHAPITRE XI.

EMPLOI DU ZINC ESTAMPÉ ET REPOUSSÉ POUR CLOCHETONS, GIROUETTES, CRÊTES DE FAITAGE, ORNEMENTATIONS DIVERSES.

Zinc laminé employé comme ornement extérieur. — Il remplace avantageusement le fer et le plomb. — Clochetons et autres ornements. — Zinc cuivré, doré, argenté. — Zinc estampé et repoussé.

Zinc laminé employé comme ornement extérieur.

Depuis quelques années seulement on se sert du zinc laminé comme ornement extérieur ; aussi ne devons-nous considérer ce qui a été fait jusqu'à présent que comme un acheminement à un emploi plus sérieux et qui doit amener plus tard un débouché considérable.

Toutes les constructions gothiques, et surtout de la renaissance, conservent encore en partie ces ornementations légères, capricieuses, qu'on cherche à imiter aujourd'hui.

Le travail du fer employé dans les anciennes constructions était fort coûteux, le plomb était trop lourd et manquait d'ailleurs de solidité.

Il remplace avantageusement le fer et le plomb.

Les procédés d'estampage permettent aujourd'hui de remplacer facilement ces métaux par le zinc, et, grâce à l'habileté des ouvriers, à la malléabilité, à la légèreté et au bon marché du métal, on ne peut douter que, d'ici à peu d'années, cette industrie ne prenne un grand développement.

Nous n'avons pas à donner ici les détails de fabrication particulière à ces travaux ; ils sont les mêmes avec plus de soin et de goût que ceux de tous les autres travaux du zinc, et sont d'ailleurs décrits au commencement de ce Manuel.

Clochetons et autres ornements.

Il nous suffira donc d'indiquer brièvement les différents objets d'ornementation qui peuvent être exécutés en zinc.

1° Les clochetons, poinçons et girouettes.

Le nombre, la variété en sont infinis, puisqu'on en voit sur les églises, les monuments publics, les habitations de campagne, etc.;

2° Les crêtes de faîtage ;

3° Les balustres et balcons ;

4° Les œils de bœuf, les ornements extérieurs à appliquer contre les chéneaux, les tuyaux avec anneaux ornés, les gargouilles, les vitraux encadrés. (Des essais récents prouvent que le zinc, pour les encadrements à *angles droits*, peut se substituer au plomb avec avantage, et comme solidité et comme prix.)

Si nous ajoutons à tous ces objets les différents ornements qui s'appliquent à l'extérieur et à l'intérieur des théâtres, des édifices publics et particuliers, tels que moulures de toutes sortes, chapiteaux et soubassements de colonnes, lustres, vases, suspensions de toutes sortes, entourages de becs de gaz, médaillons, consoles, rosaces, jardinières, garnitures de lits, de croisées, de portes, patères, palmettes, embrasses de rideaux, garde-mains, boutons avec chiffres ou armes, cadres de glaces et autres bois, plaques de garde, panonceaux de notaires, d'huissiers, etc., entrées de serrures, plaques de schakos, jugulaires, grenades, cocardes, enfin tous les objets d'équipement militaire, et enfin des pipes, porte-pipes, porte-allumettes, boîtes de toutes sortes, etc., etc., on comprendra tout ce qu'il y a d'avenir dans cette industrie encore nouvelle.

Zinc cuivré, doré, argenté, étamé.

Tous ces objets peuvent, si l'on veut, être cuivrés par les procédés de la galvanisation, et cela à un prix si minime qu'il restera toujours une différence énorme entre ces mêmes objets confectionnés en cuivre et ceux confectionnés en zinc.

Le zinc cuivré se bronze et reçoit le bruni et le poli comme le cuivre.

Il se dore et s'argente avec la même facilité.

On l'étame par les mêmes procédés.

Zinc estampé et repoussé.

Du reste, une chose remarquable, et qui plus tard ne peut manquer d'être appréciée, c'est que le zinc estampé et non cuivré prend un aspect et une teinte tout à fait autres par le nettoyage à la brosse sèche et à la potée d'émeri ; les saillies ont le brillant et le poli de l'acier.

Pour l'estampage proprement dit, les procédés de fabrication sont ceux employés par tous les estampeurs sur cuivre ; ce sont toujours des matrices sur lesquelles on applique des feuilles de zinc après les avoir préalablement chauffées. Il faut seulement, soit qu'on se serve du balancier ou du mouton, procéder graduellement, afin d'obtenir des épreuves bien fines et sans la moindre cassure.

Les numéros de zinc laminé que l'on emploie sont : 9, 10 et 12. Les 14 et 15 V. M. s'estampent facilement.

Une observation à faire pour la réussite des estampés qui ont des repoussés profonds et des angles presque droits, c'est d'avoir soin d'évider la contre-empreinte en plomb ; par ce moyen, on évite presqu'à coup sûr les cassures.

Au moyen d'un petit fourneau placé près de la matrice et construit de telle sorte qu'une partie de la bande de zinc se tient toujours chauffée, tandis que l'autre est soumise à l'action du mouton, on obtient encore d'excellents résultats.

CHAPITRE XII.

EMPLOI DU ZINC LAMINÉ POUR DEVANTURES ET
MONTRES DE MAGASIN.

Moulures pleines en zinc raboté et étiré. — Moulures en feuilles de zinc étirées en creux. — Moyens de conserver l'éclat et le poli de ces moulures. — Tubes en zinc.

La perfection des procédés de laminage permettant d'obtenir des barreaux de $0^m,93$ a $0^m,06$ d'épaisseur sur une longueur de 3 à 4 mètres, on a pensé à étirer des moulures pleines en zinc pour remplacer celles en cuivre, qui coûtent si cher, ou celles de fer, qui doivent toujours être peintes, et n'offrent pas l'éclat ni le brillant désirables pour une devanture de magasin.

Moulures pleines en zinc raboté et étiré.

Le zinc peut se raboter comme le cuivre et par les mêmes instruments, et a de plus l'avantage d'être plus doux, plus facile à travailler que ces deux derniers métaux.

On peut lui donner tous les profils et toutes les formes, et les moulures de zinc offrent le poli et le brillant de l'argent.

L'entretien de ce poli n'est pas difficile, comme nous le dirons plus tard.

Voici quelques coupes horizontales des modèles les plus usités. (Fig. 135, 136 et 137.)

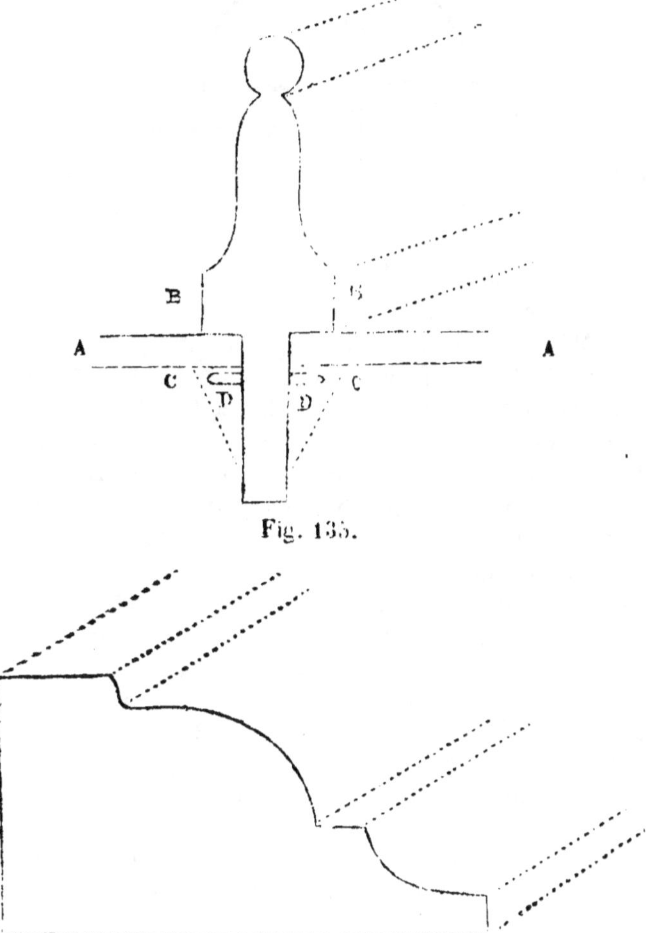

Fig. 135.

Fig. 136

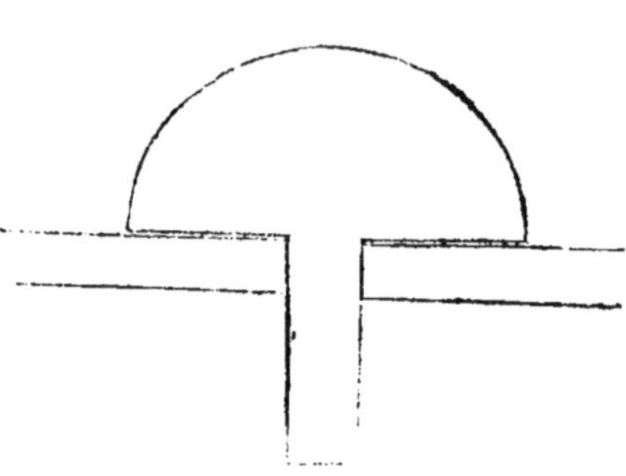

Fig. 137.

Les vitres ou glaces A A sont maintenues contre les côtés B B au moyen de petites goupilles D D, placées de 15 en 15 centimètres dans la tige de la moulure et recouvertes de mastic en C C.

Tout ouvrier outillé pour ce travail en cuivre peut essayer de faire du zinc; il pourra trouver des débouchés plus faciles, vu les prix, comparativement réduits, auxquels il pourra vendre ces nouveaux produits.

Les moulures en cuivre plein sont si coûteuses que l'emploi en est restreint aux montées de musées, corps de bibliothèques publiques, etc. Le gouvernement a déjà tenté de remplacer le cuivre par le zinc, et ce premier essai a parfaitement réussi.

MM. Legras et Rigaux, mécaniciens, rue d'Ulm, à Paris, ont les premiers exécuté pour la Société de la Vieille-Montagne toutes les moulures nécessaires à l'ornementation de la porte d'entrée d'une des salles de l'administration, rue Richer, 19.

Ce beau travail a été fort admiré par MM. les membres du jury de l'Exposition de 1849.

Comme nous le disions plus haut, les moulures

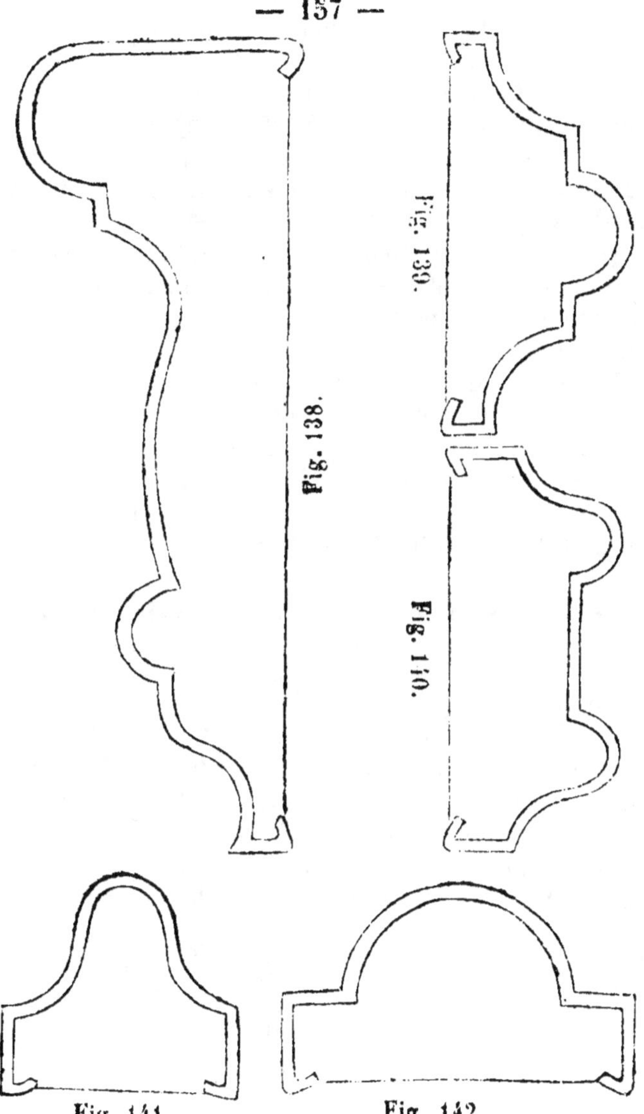

Fig. 141.　　　　Fig. 142.

en cuivre plein sont si chères, qu'on a cherché à leur substituer des moulures en bois recouvertes d'une feuille de cuivre laminé, et c'est ainsi que se font presque toutes les devantures aujourd'hui.

Même avec des moulures en zinc plein, on arriverait à lutter de prix avec les moulures en cuivre sur bois.

Si l'on veut simplement recouvrir une moulure en bois d'une surface métallique, le zinc convient parfaitement, apporte toujours une grande économie et un beau poli brillant et argenté.

Le même outillage suffit pour les deux métaux.

Voici quelques-uns des profils des moulures que l'on peut facilement étirer sur bois avec le zinc. Ces dessins font partie de la belle collection de M. Lacarrière, rue Sainte-Élisabeth, n° 3, à Paris. (Figures 138, 139, 140, 141 et 142.)

Moulures en feuilles de zinc étirées en creux.

Au moyen de bancs à étirer, en repliant une feuille de zinc sur elle-même selon les diverses formes que l'on veut obtenir, on peut lui donner facilement assez de raideur pour qu'elle ne fléchisse pas sur une longueur de 2 à 3 mètres.

Les Anglais obtiennent ainsi une grande quantité de moulures de toutes grandeurs, dont voici quelques dessins en coupe horizontale. (Fig. 143, 144, 145, 146, 147, 148, 149, 150, 151, 152, 153 et 154.)

Le bon marché de ces moulures est surprenant.

M. Becquet, à Paris, rue Dupetit-Thouars, n° 23, a exécuté et exécute journellement de fort beaux tra-

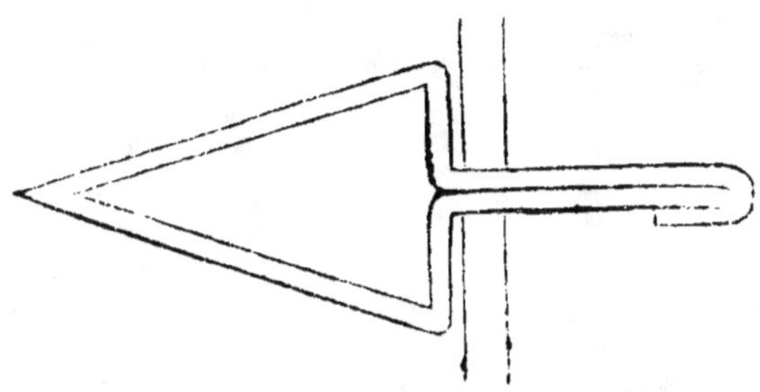

Fig. 143.

Fig. 144.

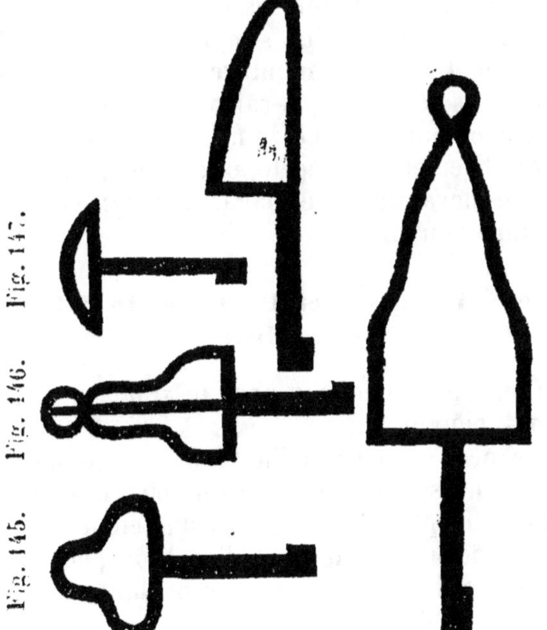

Fig. 145.   Fig. 146.   Fig. 147.

Fig. 148.

149. 150. 151. 152. 153. 154.

vaux dans ce genre. Il a été chargé de divers travaux pour les bureaux de la Société de la Vieille-Montagne, rue Richer, 19.

En effet, le zinc laminé vaut 60 fr. les 100 kilogr., et la façon de ces moulures étant d'un prix peu élevé, puisqu'il s'agit d'un simple étirage à une filière, on peut livrer les moulures n° 20, par exemple (appelées petit-bois), à raison de 1 fr. 70 c. le kilogr., contenant de 10 à 11 mètres de moulure.

En Angleterre, je le répète, une grande partie des plus belles devantures de magasin est ainsi décorée de moulures en zinc.

Moyens de conserver l'éclat et le poli de ces moulures.

On prend en Angleterre pour le zinc les mêmes soins que pour le cuivre.

En France, on n'a pas l'habitude de nettoyer ce métal, on ne sait pas qu'avec un peu de sable ou de grès et un peu d'acide sulfurique étendu d'eau (1/10 d'acide sulfurique, 9/10 d'eau), on peut décaper le zinc et lui donner un beau brillant, que l'on rend comparable à celui de l'argent dès qu'on le frotte avec de l'huile et de la terre pourrie.

Tubes en zinc.

On peut, au moyen du banc, étirer des tubes de toutes dimensions, ronds, carrés, pour tuyaux de descente, conduits d'eau, de gaz, etc.

Les petits tubes de zinc remplacent avec grande économie les tubes en fer-blanc pour conduits de fils de sonnettes, etc.

Il est deux systèmes d'agrafure de tuyaux brevetés, qui conviennent parfaitement au zinc. Ce sont l'agrafe simple (fig. 155) et l'agrafe à coulisseau

Fig. 155.

intérieur. Cette dernière surtout, d'une solidité à toute épreuve, serait d'une excellente application au zinc. (Fig. 156.)

Fig. 156.

C'est M. H. Ledru qui est breveté pour ces deux

systèmes d'agrafure, étirées au banc et passant par une filière, qui est le motif principal du brevet.

Le zinc s'étire aussi à l'embouti, c'est-à-dire d'un seul morceau cylindrique sans soudure. La malléabilité du métal se prête facilement à ce genre de travail, que connaissent parfaitement les mécaniciens, et que M. Palmer, rue Montmorency, 6, à Paris, a porté à un haut degré de perfection.

Les beaux résultats obtenus par cet habile mécanicien lui ont mérité la médaille d'argent, en 1849.

M. Palmer est l'auteur des moulures en zinc plein qui ornent la porte d'entrée des bureaux de la Société de la Vieille-Montagne, rue Richer, 19. Les moulures de la porte en face, s'ouvrant sur la salle d'exposition, sont de MM. Legras et Rigaux.

CHAPITRE XIII.

OBJETS DE MÉNAGE ET USTENSILES DE TOUTE ESPÈCE EN ZINC LAMINÉ.

Considérations sur l'emploi du zinc. — Description détaillée de la confection des seaux. — Nomenclature des ustensiles, etc.

Le zinc substitué au fer-blanc pour la confection des ustensiles de ménage.

Depuis que la Société de la Vieille-Montagne est parvenue à donner aux zincs qui sortent de ses usines une malléabilité qui permet aux feuilles de se prêter à toutes les exigences de la fabrication, un brillant et un poli qui ne le cèdent en rien aux fer-blancs les plus beaux, presque partout le fer-blanc a été abandonné et remplacé par le zinc.

La grande dimension des feuilles permet de faire tous les ustensiles de ménage sans ces soudures multipliées, qu'on ne pouvait éviter lorsqu'on se servait du fer-blanc.

La malléabilité du métal en rend le travail facile.

Les soudures, d'une solidité à toute épreuve, peuvent se faire très vite.

Le zinc n'a pas, comme le fer-blanc, l'inconvénient de se ronger par la rouille ; il convient donc parfaitement pour les vases destinés à conserver l'eau ou d'autres liquides.

Le nombre des objets qui se font en zinc est infini ; chaque jour amène une nouvelle application du métal.

Entreprendre la description de chacun de ces objets serait chose impossible, en raison des limites que nous nous sommes imposées dans la publication de notre Manuel.

Chacun des objets dont on donne ici le dessin varie de forme ou de grandeur.

La forme plus ou moins élégante, plus ou moins commode, change suivant le goût et l'habileté de l'ouvrier, quelquefois aussi suivant l'usage de la localité.

Elle est presque toujours subordonnée à la dimension des feuilles de zinc employées.

C'est donc à la forme des objets que l'ouvrier doit apporter toute son attention :

1° Pour rendre l'usage de ces ustensiles d'un emploi facile et commode ;

2° Pour n'avoir pas de perte dans le débit d'une feuille de zinc.

En s'attachant à donner une forme commode, l'ouvrier ne doit jamais perdre de vue l'élégance et la solidité.

Pour éviter la perte au débit des feuilles, les fabricants de Paris ont reconnu la nécessité de se renfermer dans certaines formes et dimensions, dont ils ne s'écartent que rarement.

Pour cette même cause, ils ont adopté une seule dimension de feuilles, celle de $0^m,80$ c. sur $2^m,00$ mètres.

Pour la célérité du travail, on a pour chaque ustensile une série de patrons, calibres ou modèles aussi en zinc, dont chaque pièce représente une des parties de l'objet à exécuter.

Il suffit d'appliquer ce calibre sur la feuille de zinc, d'en suivre les contours avec un poinçon aigu pour les retracer sur la feuille.

Description détaillée de la confection des seaux.

Nous nous bornerons à donner ici les détails d'exécution d'un seau en zinc : c'est l'ustensile dont l'usage est le plus répandu ; c'est peut-être aussi l'un des plus faciles à exécuter.

Les seaux en zinc sont préférables aux seaux en bois, qui se pourrissent à l'humidité, qui prennent une mauvaise odeur par le séjour des eaux sales, et tombent en javelle si on cesse de les tenir pleins d'eau ; ils sont aussi plus légers. Ils doivent également être préférés aux seaux en fer-blanc, qui sont si vite percés par la rouille.

Ils varient ordinairement de diamètre et de hauteur, suivant l'usage auquel on les destine.

Les seaux de jardin, d'écurie et d'atelier, ont généralement 0^m,40 de hauteur et 0^m,25 de diamètre.

Ils doivent être faits avec du zinc n° 14, pour résister aux chocs qu'ils sont continuellement exposés à recevoir.

Les seaux de ménage ont 0^m,30 de hauteur et 0^m,20 de diamètre.

Vu leur petite dimension, on peut employer du zinc n° 12.

Quelques-uns reçoivent des couvercles pour préserver leur contenu, ou arrêter les émanations des eaux sales qu'ils renferment,

Les seaux ordinaires se composent de quatre pièces principales, qui sont :

Le corps,

Le fond,

Le rebord inférieur,

L'anse.

Le corps se forme au moyen d'une bande ou feuille de zinc à laquelle on donne la forme d'un trapézoïde (fig. 157). On roule cette bande en rap-

Fig. 157.

prochant les extrémités A B, de manière à ce qu'elles se croisent de $0^m,005$ à $0^m,006$ millimètres. On soude ensuite, pour former un cône tronqué (fig. 158).

Pour renforcer la partie supérieure C, on la rabat tout autour à l'extérieur au moyen du marteau, comme en D, puis on introduit dans cette partie rabattue un fil de fer ou de zinc qu'on recouvre entièrement par le zinc, et l'on soude le bourrelet formé au corps du seau, pour donner plus de solidité.

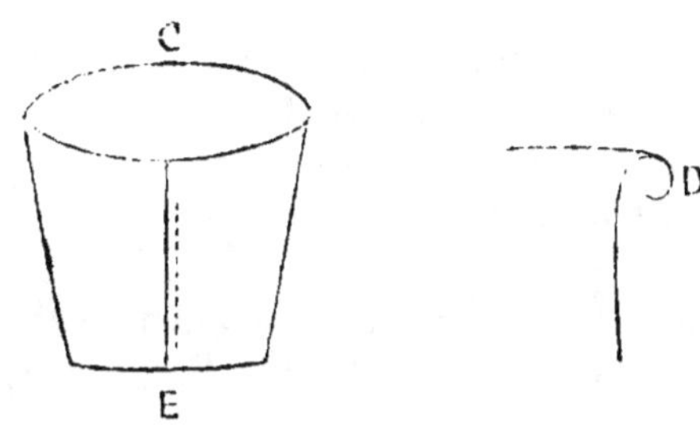

Fig. 158.   Fig. 159.

Quand le seau est cylindrique, la bande de zinc qui doit former le corps a la forme d'un parallélogramme.

Le corps du seau est quelquefois formé de deux parties réunies par une soudure.

Il faut avoir le soin de faire correspondre ces soudures du corps avec les oreillettes auxquelles est attachée l'anse.

Pour faire le fond, on découpe circulairement un morceau de zinc, en lui donnant un diamètre de 2 centimètres plus grand que la partie inférieure E du seau figuré.

Au moyen du marteau on relève d'un centimètre le bord de ce fond, à peu près à angle droit, de manière à ne lui laisser que le diamètre du seau. On creuse un peu ce fond, toujours au moyen de marteaux, pour que les gouttes de liquide restant dans le seau puissent facilement se réunir au centre, puis on entre le corps du seau dans le fond, de manière à ce que les bords viennent s'appliquer à l'extérieur du seau, et l'on soude.

Le fond du seau est préservé d'une usure rapide, provenant du frottement et des chocs sur le sol, au moyen d'un rebord en saillie d'environ $0^m,03$ à $0^m,04$ centim. de hauteur, qu'on soude au corps principal au-dessus de la jonction du fond.

Ce rebord est formé d'une bande de zinc dont on fait un cercle au seau, soudé d'abord par ses extrémités.

Ce cercle est garni comme la partie supérieure, puis soudé au corps principal G. (Fig. 160.)

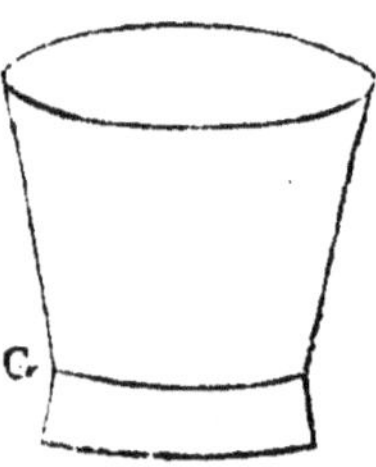

Fig. 160.

Pour les seaux de ménage, la partie inférieure est à moulures. On obtient cette moulure en passant la bande de zinc dans une filière.

L'anse est faite d'un fil de fer galvanisé ou étamé, dont la force est proportionnée à la grandeur du seau.

Il est attaché au moyen d'oreillettes en fer également étamé, qui sont placées sur le bord du seau et retenues par de petites plaques de zinc soudées au corps, qui ont la forme de poires.

Fig. 161.

Afin que le seau soit plus facile à porter, on place au milieu de l'anse un petit rouleau en bois. (Figure 161.)

Lorsqu'on veut renforcer le corps du seau, on y

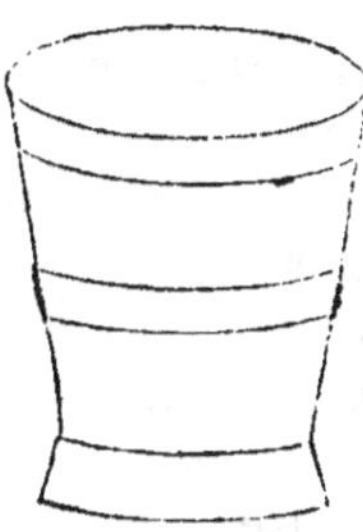

Fig. 162.

applique plusieurs bandes ou cercles de zinc, comme fig. 162.

Le couvercle se fait en zinc repoussé sur le tour.

La forme lui est donnée au moyen d'un mandrin qui a exactement les mêmes moulures.

Les seaux de ménage se vernissent quelquefois ; il est préférable de laisser le métal à nu. On peut alors le nettoyer au moyen de la composition indiquée au chapitre XIV du Manuel.

Nomenclature des ustensiles, etc.

Les détails dans lesquels nous venons d'entrer pouvant se rapporter à l'exécution des objets qui nous restent à décrire, nous croyons superflu d'entrer dans de nouvelles explications ; nous nous bornerons donc à donner la nomenclature des objets de ménage et ustensiles de toute espèce actuellement fabriqués en zinc, en les accompagnant de quelques dessins (fig. 163, 164, 165, 166, 167, 168, 169, 170, 171, 172 et 173) :

Auges pour cages d'oiseaux ;

Garniture du fond des cages ;

Arrosoirs ronds, forme ancienne ;

Arrosoirs à huit pans, forme nouvelle ;

Bains de pied à gorge ;

Bains de pied à filtre ;

Bains de pied ordinaire ;

Bains de siége à gorge ;

Bains de siége à filtre ;

Bains de siége à fauteuil ;

Bains hydropathiques ;

Baignoires d'enfant, à dossier, le pourtour rebordé à boudin, fond posé sur fond de bois ;

Baignoires à dossier, de plus grande dimension ;

Baignoires ovales, à boudins et croisillons, poignées au dos et aux pieds ;

Baignoires à gorge polie, à socle, à traversin et à croisillon. La gorge, le socle et les montants sont garnis de bois intérieurement [1] ;

Boîtes à café ;

Boîtes à sucre ;

Boîtes à thé ;

Boîtes à chandelles ;

Brocs à rondin ;

Brocs avec couvercle ;

Bougeoirs ;

[1] Toutes les baignoires étant montées sur un fond de bois peuvent recevoir des roulettes.

Baquets ronds ;
Baquets ovales ;
Barattes pour faire le beurre ;
Chauffe-pieds ;
Crachoirs à sable ;
Crachoirs à cuvette ;
Crachoirs à entonnoir ;
Cuvettes-bidets ;
Cloches pour couvrir les plats ;
Entonnoirs pour tonneaux ;
Entonnoirs pour bouteilles ;
Égouttoirs de cuisine ;
Fontaine carrée et sa cuvette ;
Fontaine ovale et sa cuvette ;
Fontaine d'angle et sa cuvette ;
Fontaine à pans coupés ;
Lanternes ;
Mains à tabac ;
Mains à épicerie ;
Pendules-bornes ;
Pendules gothiques ;
Plateaux ;
Porte-mouchettes ;
Porte-lettres ;
Passoirs de tous numéros ;
Pompes de jardin ;
Rafraîchissoirs à deux, trois et quatre comparti-
ments ;
Ramasse-couverts ;
Seaux à charbon ;
Terrines ;
Vases pour les fleurs.

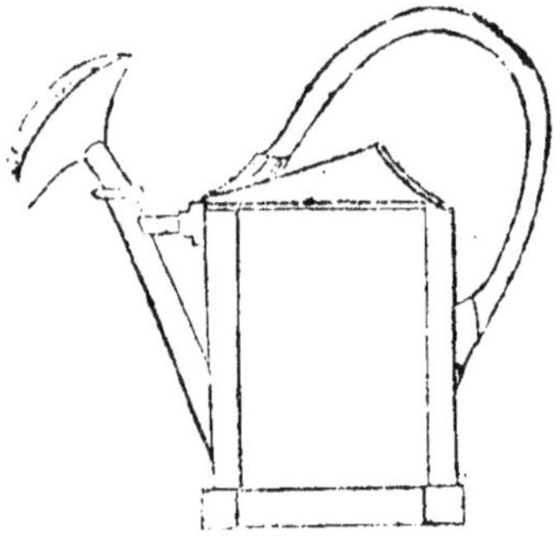

Fig. 163.

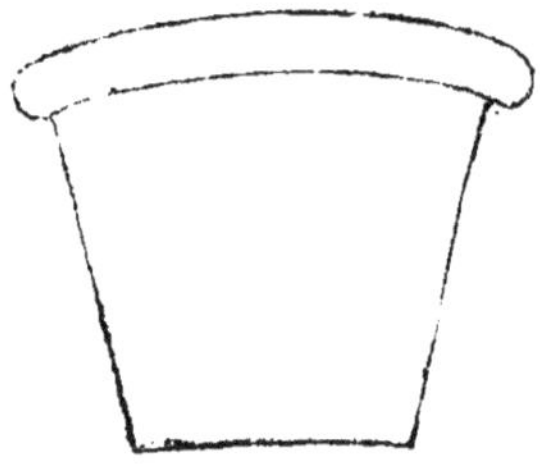

Fig. 164.

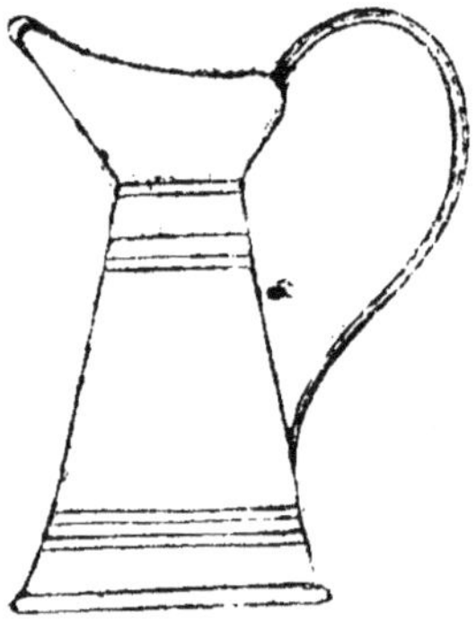

Fig. 165.

Fig. 166.

Fig. 167.

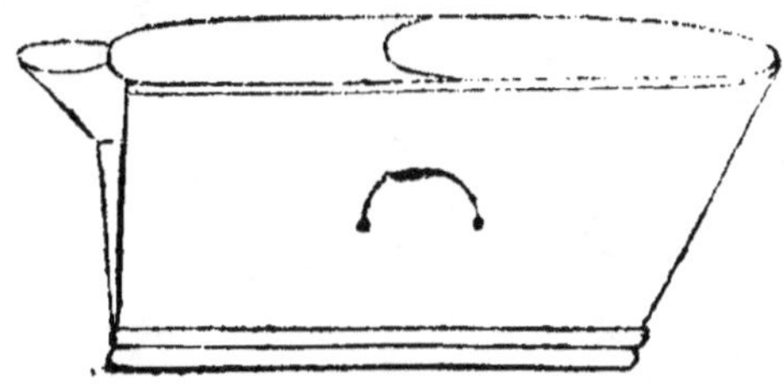

Fig. 158.

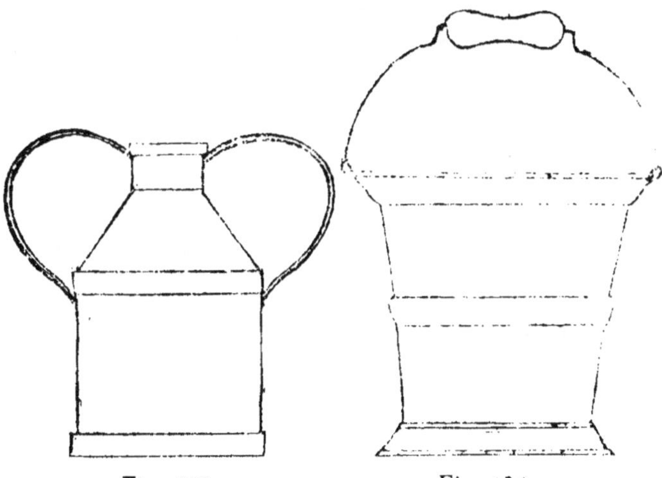

Fig. 169.

Fig. 170.

10.

Fig. 171.

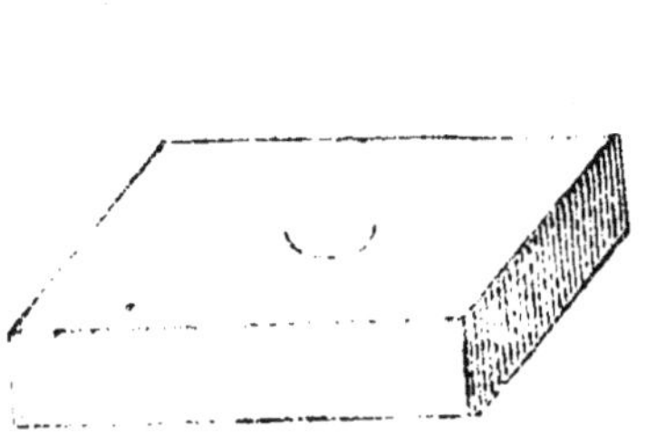

Fig. 172.

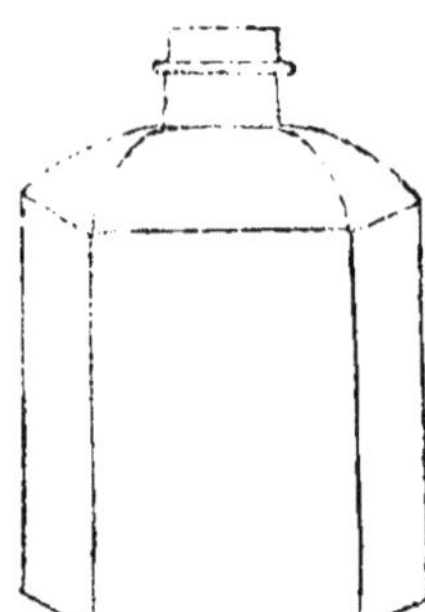

Fig. 173.

CHAPITRE XIV.

Grillage, treillage, économie de main-d'œuvre. — Emploi pour jardins. — Claies de magnanerie. — Toile métallique de zinc. — Minoteries, cribles, ustensiles de ménage. — Cordes en fil de zinc. — Zinc perforé. — Cribles métalliques. — Cribles en zinc perforé. — Garde-feu, garde-manger, etc. — Transparents et stores. — Peinture.

Grillage, treillage, économie de main-d'œuvre.

Nous avons dit chapitre 1er que la tréfilerie s'est emparée du zinc avec le plus grand succès.

Toutes les qualités naturelles du métal viennent encore ici combattre en faveur des emplois variés des fils de zinc.

Pour l'ouvrier, le zinc est plus doux à la main que le fil de fer; il est moins cassant; le travail va donc beaucoup plus vite et la main-d'œuvre doit être cotée plus bas.

Emploi pour jardins.

A l'extérieur, le fil de zinc s'emploie en numéros fins pour remplacer les fils de plomb, pour atta-

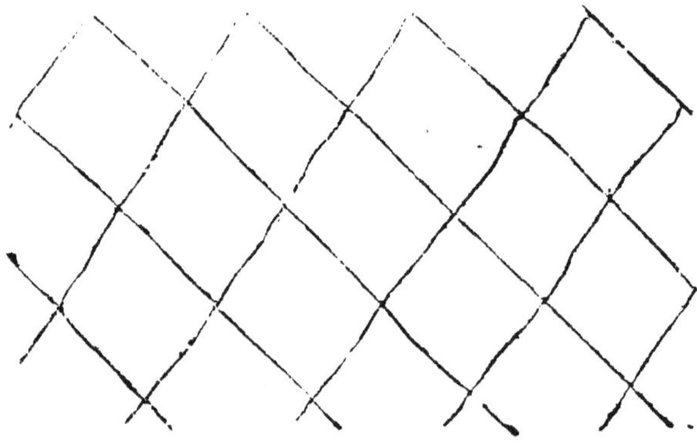

Fig. 174.

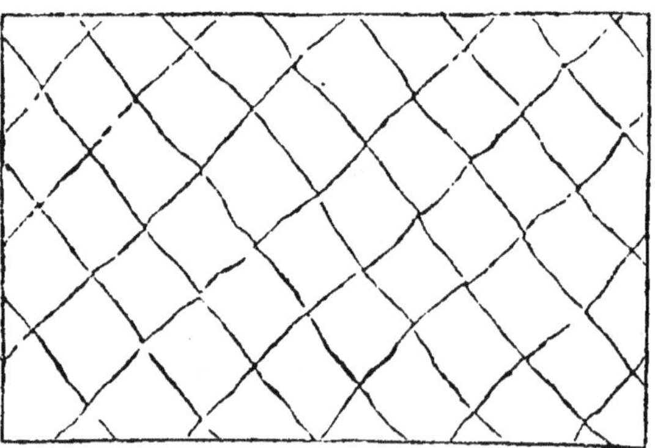

Fig. 175.

cher les fleurs et arbustes ; en numéros forts pour treillages, grillages, clôtures, etc. Il sert également pour liens des tuteurs. (Fig. 174 et 175.)

Claies de magnaneries.

Dans les magnaneries, le fil de zinc est d'une ressource immense. On sait que l'oxyde de fer (la rouille) est mortel aux vers à soie, et que toute peinture leur est funeste. Le fil de zinc est excellent pour la confection des claies ou couches de vers à soie. Ces claies sont formées en grillages à larges mailles posés sur cadres en fer galvanisé. (Fig. 176.)

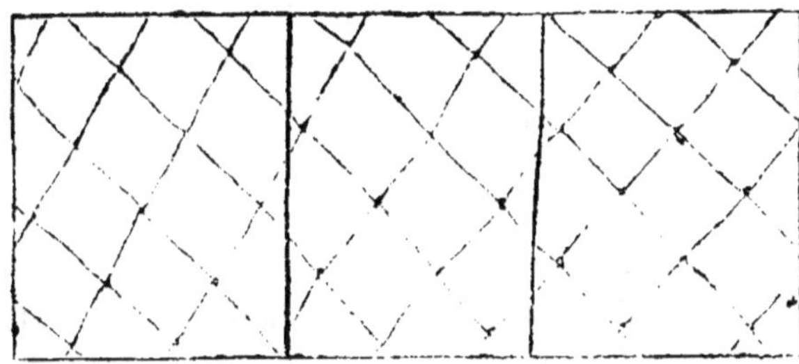

Fig. 176.

Toiles métalliques de zinc.

Le succès du fil de zinc en grillages a amené la fabrication de la toile métallique en zinc. Sans difficultés, on a obtenu la finesse la plus grande et, concurremment au cuivre, le zinc offre dans les prix de revient un avantage de 1 à 4 fr.

Minoterie, cribles, ustensiles de ménage.

Les toiles de zinc trouvent leur emploi naturel pour minoteries, pêcheries, cribles, ustensiles de ménage, comme tamis, garde-manger, garde-feu, couvre-plats, etc.

Cordes en fil de zinc.

Il nous reste à parler de la propriété toute particulière qu'a le fil de zinc dans la confection des câbles et fortes cordes servant à amarrer les vaisseaux ou embarcations ; en diamètres inférieurs, pour étendre le linge à sécher. Nous avons encore les cordes en fil de zinc et chanvre, offrant une durée triple du chanvre seul, pour le hâlage des bateaux.

ZINC PERFORÉ.

Cribles métalliques.

Depuis plusieurs années déjà, les cribles ou vans en peau ont été remplacés par l'emploi de feuilles métalliques perforées.

La peau était d'une usure rapide, sujette à toutes les variations de l'atmosphère, se relâchant à l'humidité, se resserrant à la chaleur. L'introduction des métaux a donc été accueillie dans ces emplois avec une faveur qui s'accroît tous les jours.

M. F. Calard, mécanicien, a monté dans ses établissements des machines à perforer tous les métaux qui donnent l'exécution la plus parfaite. La feuille de métal, placée sur une planche d'acier perforée au diamètre que l'on veut obtenir, reçoit la pression d'une planche supérieure garnie de poinçons en emporte-pièce correspondants aux parois de la planche inférieure.

Ainsi, une feuille de métal de $2^m,00$ sur $1^m,00$ se perfore d'une seule pression. Les découpés sont, par ce procédé, d'une netteté absolue, et la feuille

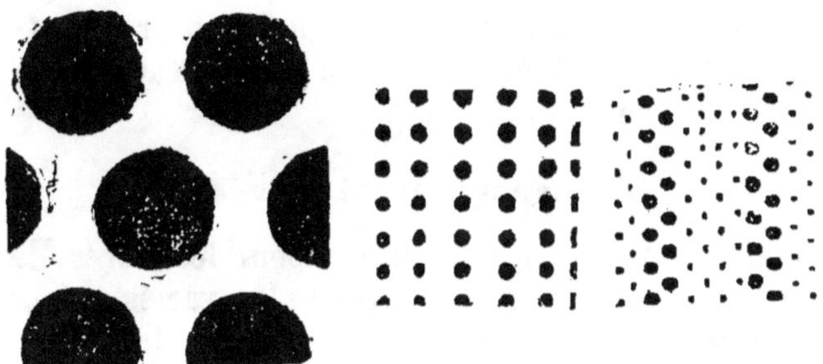

Fig. 177.   Fig. 178.   Fig. 179.

n'a pas d'envers, c'est-à-dire qu'elle est également douce au toucher des deux côtés. (Fig. 177, 178 et 179).

Cribles en zinc perforé.

De tous les métaux, le zinc, par ses qualités naturelles d'inoxydabilité, de légèreté et de ténacité, offre les avantages les plus réels dans la confection des cribles en général, des grilles de tarares, etc.

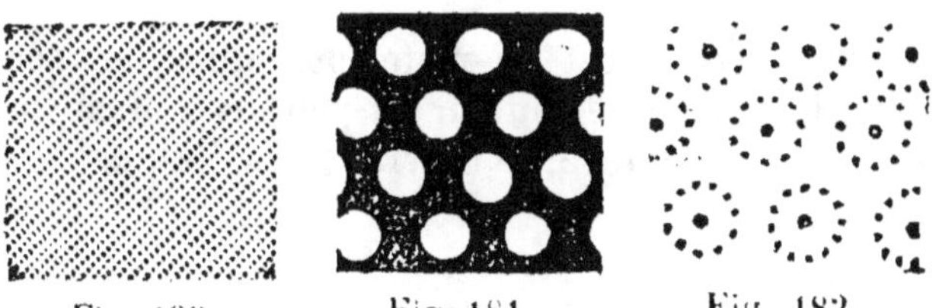

Fig. 180.   Fig. 181.   Fig. 182.

Il se tend parfaitement dans le montage. (Fig. 180, 181 et 182.)

Garde-feu, garde-manger, etc.

Le zinc perforé s'emploie pour divers ustensiles de ménage, tels que garde-feu, paniers, garde-manger, carreaux transparents pour poser à l'intérieur des appartements contre les carreaux inférieurs des fenêtres.

Transparents et stores.

Pour les transparents comme pour les stores, le zinc, perforé dans les dessins les plus variés et aux découpures les plus fines, a l'avantage des stores ordinaires sans en avoir les inconvénients. Il garantit du soleil sans en intercepter la lumière; il empêche la vue de pénétrer de l'extérieur dans l'intérieur, et permet cependant de distinguer du dedans au dehors.

Mieux que la tôle de fer perforé, la feuille de zinc se tend ou prend la forme qu'on lui demande.

Inaltérable à l'air et à l'eau, le zinc n'a besoin d'aucune peinture; il conserve très facilement son brillant naturel.

Peinture.

Le zinc perforé est du reste susceptible de recevoir toute espèce de couleur ou peinture, ainsi que la dorure, l'argenture, le cuivrage et l'étamage.

CHAPITRE XV.

Nettoyage du zinc. — Des ustensiles de ménage, escaliers, etc. — Moulures, boutons de porte, etc. — Peintures du zinc; des ustensiles de ménage, etc.

Nettoyage du zinc. — Des ustensiles de ménage, escaliers, etc.

Pour nettoyer ou décaper la surface du zinc, on le frotte avec du sable très fin humecté d'eau, dans laquelle on a mis 1/10 de vitriol ou acide sulfurique. Il devient aussitôt blanc et luisant comme de l'argent; mais il est indispensable de le laver immédiatement après dans de l'eau pure, pour enlever tout l'acide et de le bien essuyer avec un linge sec.

Ce mode de nettoyage s'applique aux ustensiles de ménage, escaliers, planchers en zinc, etc.

Moulures, boutons de porte, etc.

Afin d'obtenir un brillant encore plus pur, fait pour des ustensiles plus recherchés, pour des boutons de porte, moulures, devantures de boutique, etc., on se sert, après avoir décapé par les procédés ci-dessus, d'émeri très fin qu'on emploie avec de l'huile ; puis on frotte à sec avec de la terre pourrie, du blanc d'Espagne ou du rouge à polir.

Le brillant est alors sans égal.

Peintures du zinc; des ustensiles de ménage, etc.

Les ustensiles et objets de ménage se revêtent, à l'extérieur et à l'intérieur, d'une peinture qui a pour but, à l'extérieur, de leur donner un aspect plus propre.

La peinture à employer à l'intérieur des ustensiles se compose, pour la première couche, d'oxyde gris de zinc mélangé, d'huile, et pour la deuxième, de vernis au copal.

On donne à l'extérieur deux couches de couleur ordinaire à l'huile, puis on sèche à l'étuve.

Un excellent moyen encore pour obtenir une peinture parfaitement adhérente, c'est avant toute peinture de passer sur le zinc une couche d'essence de térébenthine.

CHAPITRE XVI.

DOUBLAGE DES NAVIRES EN ZINC.

Nouvelles qualités du zinc laminé ; emploi des numéros 15, 16 et 17. — Navires doublés en zinc à Nantes, Saint-Malo, Granville, etc. — Comparaison des doublages en cuivre et des doublages en zinc. — Instruction pratique pour le doublage en zinc d'un navire. — Opérations préliminaires ; couche de corrai. — Préparation du papier. — Manière de le coller. — Application du doublage en zinc. — Clouage ; manière de déterminer la place des clous. — Nombre de clous à employer par feuille. — Clouage à la flottaison et à la quille. — Composition des numéros d'un doublage en zinc. — Place de chacun de ces numéros. — Nombre de feuilles pour le doublage des navires de divers tonnages. — Façon d'un doublage. — Doublage des baleiniers. — Chevillage, baguettes de zinc. — Certificats constatant le bon emploi du zinc pour doublages. — Liste de quelques navires doublés en zinc.

Il y a peu d'années, on proposa aux armateurs français de suivre l'exemple des Hollandais, qui, depuis trente ans environ, se servaient de zinc pour doubler les navires. Les anciennes habitudes suscitèrent d'abord beaucoup de préventions contre ce nouveau mode de doublage ; depuis, l'expérience a fait justice de ce faux jugement.

Nouvelles qualités du zinc laminé. — Emploi des n°s 15, 16 et 17.

Les producteurs de zinc sont parvenus, par d'heureux efforts, à donner à certaines qualités de ce métal laminé toute la souplesse désirable; ainsi, les feuilles marquées Vieille-Montagne ont obtenu une ténacité et une malléabilité qui leur permettent de prendre toutes les formes et de résister aux chocs sans se briser. Ces feuilles, reliées par des clous en zinc, donnent un excellent doublage, surtout si l'on emploie celles n° 17 à l'avant du navire, celles n° 16 au centre et celles n° 15 à l'arrière. Les épreuves réitérées, faites à ce sujet par la Société de la Vieille-Montagne, ont produit des résultats si satisfaisants, que le zinc laminé a le droit d'être présenté pour les doublages, non pas à titre d'essai, mais pour emploi d'un usage bien préférable au cuivre. Aussi les armateurs et les constructeurs français apprécient-ils l'immense économie de ce mode de doublage, et chaque jour voit accroître le nombre des navires doublés en zinc.

Navires doublés en zinc à Nantes, Saint-Malo, Granville, etc.

Par exemple :

Sur les 253 navires du port de Nantes [1],

57 sont doublés en zinc,
89 le sont encore en cuivre,
107 ne sont pas doublés.

[1] Port de Nantes : La *Marie-Louise* et la *Noémi* sont restées *neuf ans* sur le même doublage; le *Joinville* et

Sur les 270 navires du port de Saint-Malo,

  67 sont doublés en zinc,
  89 le sont encore en cuivre,
 114 naviguent sur francs-bords.

Sur les 90 navires du port de Granville,

  56 sont doublés en zinc,
  16 le sont en cuivre,
  18 naviguent sur francs-bords.

Cette faveur croissante du zinc, qui s'étendra chaque jour dans tous les ports, se justifie par les calculs ci-après.

On a négligé dans ces tableaux les frais de carène antérieurs à la pose du cuivre ou du zinc, ces frais étant les mêmes dans les deux cas.

L'avantage résultant de l'usage du zinc pour doublage est considérable, non seulement à cause du métal qui est moins cher que le cuivre, mais aussi parce qu'avec un doublage en zinc on peut cheviller en fer, ce qui donne une économie de 1,200 à 1,500 francs, suivant le tonnage; tandis qu'avec un doublage en cuivre, il faut nécessairement partout un chevillage en cuivre, car l'action galvanique du cuivre détruirait bientôt les chevilles en fer, et avec elles la solidité du navire. Le zinc étant d'une électricité positive conserve en très bon état les chevilles de fer, et contribue ainsi à la plus grande solidité du navire.

l'*Europe* naviguent avec leur doublage en zinc depuis 1838.

Port de Saint-Malo : L'*Amitié* navigue avec son doublage en zinc depuis 1837.

Port de Granville ; Le *Jean-Bart* navigue avec son doublage en zinc depuis 1837.   (Mars 1849.)

COMPARAISON DES DOUBLAGES EN CUIVRE
Et des doublages en zinc.

NAVIRES DE 200 TONNEAUX.

DOUBLAGE EN CUIVRE SIX ANS DE DURÉE.	fr.	c.	DOUBLAGE EN ZINC SIX ANS DE DURÉE.	fr.	c.
756 feuilles de cuivre de 13 pouces sur 46, soit 0m 35c sur 1m 25c dont :			840 feuilles de zinc de 13 pouces sur 42, soit 0m 35c sur 1m 15c dont :		
189 pes. 3 k. 50 661 k. 50			420 pes. 2 k. 65 1,113 k. »		
189 — 4 » 756 »			210 — 3 » 630 »		
378 — 5 » 1,134 »			210 — 3 40 714 »		
756 feuilles. 2,531 50 à fr. 285 les 100 k. . . .	7,271	75	840 feuilles. 2,457 » à fr. 70 les 100 k. . . .	1,719	90
255 k. clous de cuivre à 315 fr. les 100 k. . . .	803	25	227 k. clous de zinc, à 100 fr. les 100 kil. . . .	227	»
Pose des 756 feuilles à 35 c.	264	60	Pose de 840 feuilles à 35 c.	294	»
	8,339	60		2,240	90
Intérêts de cette somme à 5 p. 100 pendant six ans.	2,501	85	Intérêts de cette somme à 5 p. 100 pendant six ans.	672	27
Total au bout de six ans	10,841	45	Total au bout de six ans	2,913	17
A déduire valeur de 1,300 k. vieux cuivre restant du doublage, à fr. 200 les 100 k. . . .	2,600	»	A déduire valeur de 1,638 k. vieux zinc restant du doublage, à fr. 35 les 100 k.	573	30
Dépensé net.	8,241	45	Dépensé net.	2,339	87
Soit, par an, 1,373 fr. 55 c.			Soit, par an, 389 fr. 97 c.		
			Économie du doublage en zinc.	5 901	58
			Soit, par an, 983 fr. 59 c.		

COMPARAISON DES DOUBLAGES EN CUIVRE
Et des doublages en zinc.

NAVIRES DE 300 TONNEAUX.

DOUBLAGE EN CUIVRE SIX ANS DE DURÉE.		fr.	c	DOUBLAGE EN ZINC SIX ANS DE DURÉE.		fr.	c.
900 feuilles de cuivre de 13 pouces sur 46, soit 0m 35c sur 1m 25c dont :				1,000 feuilles de zinc de 13 pouces sur 42, soit 0m 35c sur 1m 15c dont :			
450 pes. 3 k. » 1,350 k. »				500 pes. 2 k. 65 1,325 k. »			
225 — 3 50 787 50				250 — 3 » 750 »			
225 — 4 » 900 »				250 — 3 40 850 »			
900 feuilles. 3,037 50				1,000 feuilles. 2,925 »			
à fr. 285 les 100 k.		8,656	85	à fr. 70 les 100 kil.		2,047	50
304 k clous de cuivre, à 315 fr. les 100 k.		957	60	270 k. clous de zinc, à 100 fr. les 100 kil.		270	»
Pose de 900 feuilles, à 35 c.		315	»	Pose de 1,000 feuilles, à 35 c.		350	»
		9,929	45			2,667	50
Intérêts de cette somme à 5 p. 100 pendant six ans.		2,978	83	Intérêts de cette somme à 5 p. 100 pendant six ans.		800	25
Total au bout de six ans	12,908 28			Total au bout de six ans	3,467 75		
A déduire valeur de 1,500 k. vieux cuivre restant du doublage, à fr. 200 les 100 k.		3,000	»	A déduire valeur de 1,950 k. vieux zinc restant du doublage, à fr. 35 les 100 k.		682	50
Dépensé net.		9,908	28	Dépensé net.		2,785	25
Soit, par an, 1,651 fr. 38 c.				Soit, par an, 464 fr. 20 c.			
				Économie du doublage en zinc.		7,123	03
				Soit, par an, 1,187 f. 17 c.			

COMPARAISON DES DOUBLAGES EN CUIVRE
Et des doublages en zinc.

NAVIRES DE 400 TONNEAUX.

DOUBLAGE EN CUIVRE SIX ANS DE DURÉE.			DOUBLAGE EN ZINC SIX ANS DE DURÉE.		
1,140 feuilles de cuivre de 13 pouces sur 46, soit 0m 35c sur 1m 25c dont : 570 pes. 3 k. » 1,710 k. » 285 — 3 50 997 50 285 — 4 » 1,140 »			1,260 feuilles de zinc de 13 pouces sur 42, soit 0m 35c sur 1m 15c dont : 630 pes. 2 k. 35 1,480 k. 50 315 — 3 » 945 » 315 — 3 40 1,071 »		
	fr.	c.		fr.	c.
1,140 feuilles. 3,847 50 à fr. 285 les 100 kil. . .	10,965	37	1,260 feuilles. 3,496 50 à fr. 70 les 100 k. . . .	2,447	55
385 k. clous de cuivre, à 315 fr. les 100 kil. . . .	1,212	75	340 k. clous de zinc, à 100 fr. les 100 kil. . . .	340	»
Pose de 1,140 feuilles, à 35 c.	399	»	Pose de 1,260 feuilles, à 35 c.	441	»
	12,577	12		3,228	55
Intérêts de cette somme à 5 p. 100 pendant six ans.	3,773	13	Intérêts de cette somme à 5 p. 100 pendant six ans.	968	56
Total au bout de six ans	16,350	25	Total au bout de six ans	4,197	11
A déduire valeur de 1,900 k. vieux cuivre restant du doublage, à fr. 200 les 100 k. . . .	3,800	»	A déduire valeur de 2,331 k. vieux zinc restant du doublage, à fr. 35 les 100 k.	815	85
Dépensé net.	12,550	25	Dépensé net.	3,381	26
Soit, par an, 2,091 f. 70 c.			Soit, par an, 563 fr. 54 c.		
			Économie du doublage en zinc.	9,168	99
			Soit, par an, 1,528 f. 16 c.		

Il faut remarquer que les prix cotés sur le tableau ci-dessus sont loin d'être invariables ; ainsi le zinc, qui y est porté à 70 fr., tombait, en mai 1850, à 52 fr. les 100 k., et les clous à 80 fr. En même temps, il est vrai, le cuivre subissait une baisse mais bien plus faible, et les avantages du doublage en zinc sont plus considérables aujourd'hui qu'il ne l'est dit aux tableaux précités.

Ces faits sont d'une grande importance pour les capitaines, les armateurs et les constructeurs, qui comprennent combien il est essentiel de préserver intact le chevillage. Le meilleur moyen, pour arriver à ce but, est d'employer le zinc pour doublage et de cheviller en fer ou, ce qui est mieux encore, en zinc.

Des vaisseaux chevillés en cuivre peuvent être doublés en zinc. La seule précaution à prendre, en pareil cas, est de garnir la charpente de la carcasse de papier ou de filasse trempé dans l'huile de goudron.

Cet enduit, fixé au moyen de petits clous en zinc, isole les chevilles, et empêche le courant galvanique entre les deux métaux.

Il est même de l'intérêt des armateurs de faire doubler en zinc les navires sur francs-bords ; car la différence en plus de 169 fr. 79 c., que produit le tableau suivant, doit être largement compensée par la conservation des bois ; par la plus grande solidité donnée au bâtiment ; par la faculté qu'il acquiert de faire toute navigation, même celle au long cours, ce qu'il ne peut faire sans être doublé ; par une économie sur les assurances, etc.

NAVIRE DE 400 TONNEAUX, SUR FRANCS-BORDS, Carène simple, durée quatre ans.		NAVIRE DE 400 TONNEAUX, DOUBLÉ EN ZINC Carène et doublage, durée six ans.	
	fr. c.		fr. c.
Frais de carénage, la 1re année.	1,200 »	Frais de carénage, la 1re année. . .	1,200 »
Frais, réparations, grattage, etc., la 2e annnée.	300 »	Doublage en zinc, comme déjà exposé, ci-derrière.	3,228 55
Id. id. id. la 3e année. .	300 »		4,428 55
Id. id. id. carénage neuf complet pour la 4e année. . .	500 »	Intérêts des somme à 5 p. 100 pendant six ans.	1,328 56
Total.	2,300 »	Total.	5,757 11
Les intérêts des sommes mises dehors, à 5 p. 100.	315 »	A déduire, valeur du vieux zinc restant du doublage : 35 fr. les 100 k.	815 83
Dépensé net en quatre ans. . . .	2,615 »	Total de la dépense en six ans.	4,941 28
Soit, par an, 653 fr. 75 c.		Soit, par an, 823 fr. 54 c. Différence en plus sur le navire doublé en zinc ; 169 fr. 79 c.	

OBSERVATION. — On a porté les frais de grattage, battage des coutures, etc., à 300 fr. par an seulement; cependant ces prix sont en général plus elevés.

Le nombre des caboteurs qui prennent le doublage en zinc s'accroît tous les jours.

Il n'existe pas, pour ces navires caboteurs, l'objection faite pour les navires au long cours, c'est-à-dire l'adhérence des coquillages pouvant en retarder la marche; car cette adhérence des coquillages n'est sensible que dans les mers très chaudes; dans les climats tempérés, cet inconvénient n'existe pas plus pour le zinc que pour le cuivre, et la marche des navires reste ce qu'elle doit être.

Dans les mers sous la ligne tropicale, le capitaine d'un navire doublé en zinc peut empêcher l'existence de mollusques sur la coque, en la faisant nettoyer de temps en temps; il remarquera que le doublage en zinc ne sera pas attaqué, car l'oxyde de ce métal adhère à sa surface, et forme une véritable patine incolore, transparente, difficile à rayer, inaltérable à l'eau et à l'air, qui préserve, par ce vernis naturel, les couches inférieures du métal.

Si les coquillages ne restent pas très adhérents au doublage en cuivre, c'est que ce doublage s'exfolie assez vite, l'oxyde de cuivre se détache de lui-même et entraîne avec lui les coquillages, mais le cuivre s'amincit ainsi rapidement.

Les coquillages adhérents au doublage en zinc se détachent d'eux-mêmes à l'entrée du navire en rivière; et lorsqu'on nettoie le navire, il est facile de voir que le zinc n'a pas sensiblement perdu de son épaisseur, l'oxyde de zinc restant adhérent au métal comme un vernis, tandis que les feuilles de cuivre sont fortement rongées par le vert de gris qui s'est accru à toutes les places où ont adhéré les coquillages.

Le zinc est employé maintenant dans la marine pour conserver la poudre ; il est préféré au fer-blanc pour les armoires à provisions, les caisses à eau, etc. Il remplacera bientôt le laiton, dont on se sert pour ornements, jours de cabine, appliques et bordures. On peut utiliser pour les haubans les fils de zinc qui sont flexibles, d'une bonne ténacité, et qui ne se rouillent pas comme les fils de fer. Ces fils de zinc peuvent faire d'excellents cordages dormants.

INSTRUCTION PRATIQUE

POUR LE DOUBLAGE EN ZINC D'UN NAVIRE.

Opérations préliminaires. — Couche de corrai.

Lorsqu'on veut doubler un navire, on mastique d'abord les trous des clous et des chevilles, ainsi que les joints ; puis, après avoir appliqué un *corrai*, composé de brai et de goudron, on colle un papier très fort, préparé deux ou trois jours à l'avance.

Préparation du papier.

Pour préparer ce papier, on le trempe dans du goudron chauffé à une température de 60 degrés centigrades [1] ; puis, lorsqu'il est bien imbibé, on le

[1] Le goudron doit être chauffé de manière que l'on

met en tas à égoutter; il devient ferme et bon à employer.

Manière de le coller.

Il faut avoir soin, en collant ce papier, de croiser les feuilles l'une sur l'autre, d'*un pouce ou deux*; d'imbiber de *corrai* les croisures inférieures, afin que les feuilles soient bien collées; de planter ensuite, de place en place, des clous à sabot, en zinc, qui fixent solidement le papier au navire.

Application du doublage en zinc.

Le doublage s'applique par-dessus ce papier. Les feuilles de zinc se placent comme celles de papier, c'est-à-dire en les croisant d'un ou deux pouces les unes sur les autres, et en les étendant le plus régulièrement possible.

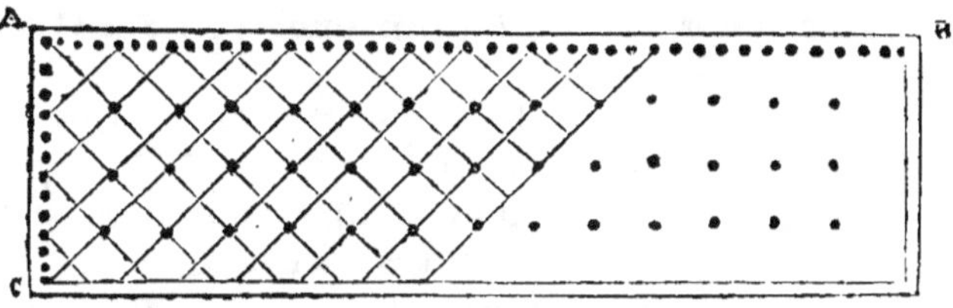

Fig. 183.

Pour le clouage des feuilles, on commence par tracer deux lignes A B, A C, de deux côtés contigus, à *un demi-pouce* du bord de la feuille. Ces

puisse y mettre la main. (Plus chaud, il brûle le papier, moins chaud, il ne pénètre pas.)

lignes sont destinées à ranger les clous du bord de la feuille.

Clouage. — Manière de déterminer la place des clous.

Les feuilles se croisant d'un pouce (33 millim.), en mettant les clous du bord à un demi-pouce, soit à 16 *millimètres de ce bord*, ils se trouvent au milieu de la croisure. On ne trace que deux côtés, parce que ces deux côtés doivent recouvrir les deux feuilles contiguës, et, conséquemment, régler le clouage ; tandis que les deux autres côtés doivent, au contraire, être recouverts par les feuilles qui leur sont contiguës.

Cela fait, on tire, dans les deux sens de la longueur de la feuille, des lignes de 3 *pouces en* 3 *pouces*, et les intersections de ces lignes déterminent la position des clous du milieu.

Nombre de clous à employer par feuille.

Pour apprécier le nombre de clous qui doivent être placés sur les bords, de *pouce en pouce* (comme sur la figure), on ne doit compter que deux bords de la feuille (les deux autres recevant les clous de la feuille qui les recouvre) ; on trouvera alors, pour le bord, 54 clous, plus 39 au milieu, ce qui fait en tout 93 clous par feuille.

Clouage à la flottaison et à la quille.

Indépendamment de ce clouage général, on a soin, au haut du doublage, c'est-à-dire à la flottaison, et au bas, le long de la quille, de doubler le rang de clous qui s'y trouvent, ou, pour mieux dire, de mettre un second rang de clous dans toute la longueur du navire, à un pouce de distance de l'autre rangée, et de les placer ainsi serrés, c'est-à-dire de *pouce en pouce*.

Cette opération nécessite un certain nombre de clous en dehors de ce que l'on a compté par feuille; aussi l'on compte ordinairement 100 *clous par feuille* pour tout un doublage.

Composition des numéros d'un doublage en zinc.

Les doublages en zinc se composent le plus ordinairement pour moitié n° 15, un quart n° 16 et un quart n° 17.

Place de chacun de ces numéros.

Le n° 17 se met dans la partie supérieure de l'avant, jusqu'au milieu où se fait l'embarquement. Dans cet endroit, le navire doit supporter le choc des chaloupes ou des canots qui l'abordent. A l'avant, il doit résister au choc de l'eau. On met deux rangs au milieu, et le reste est disposé en élargissant vers l'avant. Le n° 16 se met immédiatement sous le n° 17, pour finir de garnir l'avant. Enfin, le n° 15 sert à doubler l'arrière, qui est la partie qui souffre le moins.

Nombre de feuilles pour le doublage des navires de divers tonnages.

En employant des feuilles de zinc de 0 m. 35 c. de large sur 1 m. 15 c. de long, il faut, pour doubler un navire de :

100 tonneaux	280 feuilles n° 15	140 » 16	140 » 17	560 feuilles.
200 tonneaux	420 » 15	210 » 16	210 » 17	840 id.
300 tonneaux	500 » 15	250 » 16	250 » 17	1,000 id.
400 tonneaux	630 » 15	315 » 16	315 » 17	1,260 id.

Façon d'un doublage.

Dans beaucoup de ports de France, mais principalement sur le littoral de la Manche, les doublages se font à l'entreprise.

On donne aux calfats 35 centimes par feuille, pour mouiller le papier, le coller, percer les feuilles, les appliquer et les clouer.

Doublage des baleiniers.

Les baleiniers et divers navires se doublent de planches. Les clous propres à ce doublage sont des clous de zinc de 65 à 80 millimètres. Ils ne se rouillent pas, et durent plus longtemps que les planches elles-mêmes.

Chevillage, baguettes de zinc.

On fait des chevilles en zinc de toute épaisseur et de toute longueur. Leur ténacité est aussi bonne que celle des chevilles en cuivre. Leur malléabilité leur permet de plier sans rompre, grand avantage pour le bordage des membrures.

Les expériences qui ont été faites jusqu'ici pour le chevillage en zinc des navires ont parfaitement réussi.

Des chalands, qui doivent s'échouer fréquemment, ont été chevillés en zinc, et les bordages se sont parfaitement maintenus.

Le trou de la cheville en zinc ne s'agrandit pas, comme celui de la cheville en fer, par la rouille; cette cheville ne casse pas.

Inévitablement, son emploi est appelé à devenir très important et à remplacer avec beaucoup d'avantages les chevilles en fer, dont l'oxydation est très prompte, les chevilles en cuivre pour ponts de navires, qui sont d'un prix élevé.

Certificats constatant le bon emploi du zinc pour doublages.

Nous, capitaines-visiteurs des navires près le tribunal de commerce de terre et de mer séant au Havre, certifions que, dans les navires chevillés et cloués en fer et doublés en zinc, nous n'avons jamais reconnu de détérioration, soit dans les doublages en zinc, soit dans le clouage ou chevillage en fer, provenant de l'action réciproque d'un métal sur l'autre, et que, même dans les doublages en zinc appliqués avec des clous de fer étamé, au lieu de clous en zinc, nous n'avons reconnu aucune oxydation qui puisse être attribuée au contact des deux métaux. Certifions, en outre, que, dans les navires cloués et chevillés en fer et doublés en cuivre, malgré que le contact ne soit pas immédiat, le cuivre détruit le fer en peu d'années.

Le Havre, 30 juillet 1836.

Signé : PHILIPPE, THOMAS, M. COBERT, P. GREMONT, GRIOT et J. RIOU.

Nous, maire de la ville du Havre, certifions que les six signatures ci-dessus sont bien celles des sieurs Philippe, Thomas, Cobert, Gremont, Griot et Riou, capitaines-visiteurs de navires, demeurant en cette ville, et que foi doit y être ajoutée.

Donné en l'hôtel-de-ville du Havre, le 2 août 1836.

Signé : A. LEMAISTRE.

Vu pour la légalisation de la signature de M. A. Lemaistre, maire du Havre, apposée ci-dessus.

Havre, le 2 août 1836.

Signature et sceau du Sous-Préfet.

Nous soussignés, négociants-armateurs, capitaines et constructeurs de navires, certifions à qui il appartiendra qu'une longue expérience constante et de tous les jours nous a démontré incontestablement les faits suivants :

Dans les navires chevillés et cloués en fer et doublés en zinc, il n'a été remarqué aucune action réciproque et nuisible de l'un de ces métaux sur l'autre ; le doublage en zinc n'augmente nullement l'oxydation naturelle du fer, soit qu'il y ait du mastic et du papier goudronné interposé entre le zinc et le fer, comme pour les chevilles et les clous en fer des bordages et de la quille, soit qu'il y ait contact immédiat entre ces deux métaux, comme pour le doublage de l'étambot et du gouvernail, et les ferrures en fer de ces deux pièces. Il y a plus, une grande partie des doublages en zinc sont appliqués avec des clous en fer étamé, et nous n'avons observé aucune action destructive réciproque entre ces clous et les feuilles de zinc qu'elles attachent.

Dans les navires chevillés et cloués en fer et doublés en cuivre, il est positif que le fer ne nuit nullement à la durée du cuivre, qu'il protége au contraire ; mais que l'action du cuivre sur le fer est tellement destructive, que les chevilles et clous en fer placés sous le doublage en cuivre sont oxydés à une profondeur de plusieurs pouces, et même de plus d'un pied dans l'intérieur des bordages et autres pièces, et dans un intervalle de deux ans au plus, malgré le papier goudronné et le mastic interposé entre le doublage et les têtes des chevilles et des clous, et de telle sorte que des clous et des chevilles de 6 à 10 lignes de diamètre sont quelquefois réduits à n'avoir plus qu'une à trois lignes ou ont disparu totalement, et que les ferrures d'étambot et de gouvernail en fer, placées en contact immédiat avec le doublage en cuivre, sont oxydées et hors de service dans l'intervalle d'une traversée de deux à trois mois.

Ces faits sont tellement notoires, que l'on ne construit plus un seul navire destiné à être doublé en cuivre, sans le cheviller et le clouer en cuivre depuis la quille jusqu'à six pouces au-dessus de la hauteur de ce doublage, et sans mettre aussi en cuivre les ferrures d'étambot et de gouvernail. Nous n'avons eu connaissance de ferrures d'étambot et de gouvernail en fer dans des navires doublés en cuivre que dans le cas où, par suite de ferrures de cuivre brisées en cours de voyage, il a été impossible de les remplacer autrement que par des ferrures en fer dans leurs ports de relâche.

Fait double au Havre, le 28 juillet 1836.

Signé : Augustin NORMAND, CHAUBERT et BARBULÉE, JOURDAN, MARTIN LEPAGE et CONTANT, frères VAQUERIE, LAMOTTE et Cie, ACHER le jeune, JASSANT, QUESNEY et BRETEL, A. MOYS, F. PERQUER et ses fils, DESMONTS, E. REYDELLET, J. NANNÈS, ACH. HÉBERT, J. LAHENS jeune et HERMÉ, M. COR PALM et Cie, P. LEFÈBRE aîné, LAURENT, L. MARTEL, LE MARCHAND, VASSE, P.-C. DAMBLAT et Cie, H. DUROSELLE et Cie, et D. AUSEL et fils.

Nous, maire de la ville du Havre, certifions que les auteurs des signatures ci-dessus apposées, au nombre de vingt-quatre, sont tous négociants-armateurs et capitaines de navires et constructeurs, domiciliés en cette ville, et que foi doit y être ajoutée.

Donné en l'hôtel-de-ville du Havre, le 2 août 1836.

Signé : A. LEMAISTRE.

Vu pour la légalisation de la signature de M. A. Lemaistre, maire du Havre.

Au Havre, le 2 août 1836.

Sceau et signature du Sous-Préfet.

Je soussigné, ex-capitaine du navire trois-mâts-barque *Gaspard-Monge*, de Nantes, certifie qu'en janvier 1839 j'ai fait doubler ce navire en zinc ; que ce navire a toujours été en activité, faisant habituellement le voyage des Antilles et de Bourbon jusqu'en 1846, époque à laquelle ce doublage a été changé, bien qu'à la rigueur on eût pu lui faire faire encore un voyage aux Antilles, ce qui aurait donné audit zinc une existence de huit ans et demi. En foi de quoi je délivre le présent pour servir au besoin.

Nantes, le 20 novembre 1848.

Signé : E. PRAUD.

J'ai souvent employé le zinc pour doublage de mes navires ; j'en ai été très content pour la durée, puisque je l'ai conservé six, sept et huit ans sans réparations. Mais il y a un grand inconvénient à employer le zinc pour les navires au long cours; c'est qu'il s'y attache diverses espèces de coquillages, entre autres une espèce appelée cravans, qui poussent de 25 à 30 centimètres, et qui souvent retardent la marche d'un navire de plus d'un tiers. Il me semble qu'on pourrait obvier à cet inconvénient en cuivrant le zinc d'après le procédé Ruolz, ce qui augmenterait peu les frais.

Nantes, le 22 septembre 1848.

Signé : BONNEFIN,
ancien négociant et armateur à Nantes.

Nous, veuve Jourdan et fils, armateurs à Granville, certifions que notre navire-brick *Joséphine* a été doublé en zinc de la Vieille-Montagne, dans le courant de janvier 1845; que nous sommes très satisfaits de ce doublage, qui pourra encore durer quatre années.

Granville, le 25 janvier 1849.

Signés : Ve JOURDAN et fils aîné.

Bremen, 27 octobre 1848.

A M. ARAGON, inspecteur de *la Société de la Vieille-Montagne*.

Mon navire *Genisa*, capitaine H. Decljen, a été doublé en zinc, au mois de mars dernier, et le capitaine m'écrivit à ce sujet de Venise, le 13 août 1848, après avoir fait le voyage de Brême à Tromsac et de là à Venise :

« Jusqu'à présent, le zinc se maintient extrême-
« ment bien; il n'y a que les clous qui ne valent
« rien [1]; ils sont trop faibles. »

Dans une autre lettre, ce capitaine recommande à son beau-père de faire doubler également son navire en zinc, ajoutant que depuis qu'il a reçu et employé les vrais et bons clous [2], il est satisfait.

Signé : Goorges DUCKWITZ, armateur.

Vegerack, 26 octobre 1848.

A M. MERTENS, *à Bremen.*

Je vous remets inclus le certificat que vous me redemandez; j'ajouterai qu'il m'a été dit, par un capitaine qui habite ici, que le zinc d'un navire d'Amsterdam, qu'il a vu, s'est maintenu pendant *cinq ans* dans un état tel, qu'il aurait pu durer encore une année.

Signé : H.-F. ULRICHS.

[1] Les clous dont on se plaignait étaient des *clous à toiture*, qui avaient été livrés par le dépositaire, faute de meilleurs.

[2] Ce sont des clous de zinc fabriqués spécialement pour les doublages.

CERTIFICAT.

Vegerack, 13 juillet 1848.

J'ai à vous annoncer que mon navire, doublé au printemps dernier avec votre zinc, est revenu de Cuba depuis huit jours; le déchargement n'est pas encore fait; mais, suivant le rapport du capitaine, le zinc a été fort peu altéré; je dois vous dire que malheureusement tout un côté du navire a perdu ses feuilles de zinc, et la faute en est aux clous, dont les têtes se cassent au moindre coup de marteau, ou par le travail des eaux entre les feuilles; ce qui m'oblige à faire visiter partout mon navire et à le faire réparer : aussi vous prierai-je de me faire parvenir, à cet effet, de forts et grands clous : la tête doit en être beaucoup plus forte et le clou doit être plus long.

Signé : H.-F. ULRICHS, armateur constructeur.

Vegerack, 15 mars 1848.

Je soussigné, armateur de Brême, certifie que le navire *Baltiens*, capitaine H. Schwarting, a été doublé par moi avec 500 feuilles de zinc de la Société de la Vieille-Montagne, à Liége, prises au dépôt de Carl. Mertens, à Brême, et que ces feuilles de zinc se sont parfaitement bien conservées et à peine salies; mais les mauvais clous dont on s'est servi [1] ont causé la perte de plusieurs feuilles.

Signé : H.-F. ULRICHS.

[1] Clous à toiture.

Brake, 11 octobre 1848.

Nous lançons aujourd'hui à la mer un navire de Emden, doublé en zinc, et qui devait passer à la visite.

Le zinc y est placé depuis trois ans; il s'est conservé très bien, et le capitaine de ce navire en est très satisfait. Il nous enverra un certificat à ce sujet. Les nouveaux clous de zinc se laissent fort bien frapper et enfoncer; seulement ils sont un peu trop courts pour du zinc aussi épais. C'est pourquoi je vous prie de m'envoyer des clous de 1 1/4 et 1 1/2 pouce [1].

Signé : Tobias et Cie.

Il fut détaché, pour MM. Schutt et Schumann, de cette ville, un échantillon de zinc d'une pièce de grande dimension, lequel, portant le timbre de la Vieille-Montagne, fut examiné par le procédé chimique. Cet échantillon fut reconnu pour être d'une très grande finesse, en ce que, outre une trace de charbon et une quantité de plomb bien minime, on ne trouva que deux cent vingt-huit millièmes de fer.

Hambourg, le 15 avril 1849.

Signé : E.-C.-H. Biewend,
directeur de la Monnaie.

[1] Clous de 30 millimètres.

12

Je soussigné, capitaine du navire la *Nouvelle-Loire*, dont le sieur Étienne Denis est propriétaire, certifie par la présente que ce navire a été doublé en zinc en septembre 1836, et que le zinc n'en fut détaché qu'au mois d'août 1846, après que ce navire eut fait, pendant tout ce temps et sans interruption, les voyages des Antilles.

Nantes, le 20 avril 1847.

Signé : GAUTREAU.

Je soussigné, capitaine du brick hanovrien *Sara*, certifie par la présente que ce navire a été, il y a trois ans, doublé à Anvers en zinc portant un timbre rond, avec ces mots inclus : *Société de la Vieille-Montagne, à Liége*; que, pendant ces trois années, on n'y a pas touché, et que maintenant, après avoir mis le navire en carène, j'ai trouvé le zinc dans un état aussi satisfaisant que si le navire venait à peine d'avoir été doublé; qu'il n'était pas du tout endommagé, et qu'on ne pouvait remarquer si le zinc était devenu plus mince.

Je ferai remarquer encore que ce navire avait déjà une fois été doublé en zinc, pendant sept années, et que lorsqu'on détacha le zinc, on le trouva dans un état tel, qu'on aurait encore très bien pu le laisser attaché pendant une année.

Comme un doublage en zinc est non seulement meilleur marché que le cuivre, mais dure presque le double de temps, et qu'ainsi que ce métal il conserve sa propreté primitive, je suis convaincu, n'ayant, pour ainsi dire, fait pendant ces trois années que des voyages dans le Sud, que ce genre de zinc peut remplacer parfaitement le cuivre.

Brake, le 17 octobre 1848.

Signé : F.-T. HOLLANDER,
capitaine du navire *Sara*.

Je soussigné, Behrens, constructeur de navires, ayant mis le navire *Sara* en carène et l'ayant fait examiner, ainsi que les capitaines signant avec moi, et qui ont vu le navire dans cette occasion, déclarons par la présente que le doublage du navire est conforme à la déclaration ci-dessus du capitaine F.-T. Hollander, et que nous jugeons également un doublage en zinc suffisant.

Signé : J.-D. BEHRENS, constructeur de
navires ; H.-C. POMILIUS, capit. ;
W.-J. GERDEN, capit. ; P. STRUVES,
capit. ; J.-H. TANZEN.

Vegesack, 27 octobre 1848.

M. Ch. MERTENS, *à Bremen*.

Le capitaine H. Dectjen, mon gendre, m'écrit de Trieste : « Cher père, vous désirez savoir comment s'est maintenu le zinc de mon navire : il y a déjà six mois que le doublage est fait ; mais le zinc est toujours aussi blanc, aussi poli, et ne porte aucune trace de coquillages ou de saletés. Si vous avez l'intention de faire doubler votre navire aussi en zinc, je vous y engage alors beaucoup. »

Le soussigné a depuis fait doubler en zinc le navire *Wilhelmine*, nouvellement construit.

Agréez, etc.

Signé : H.-C. SCHAFFER.

LISTE DE QUELQUES NAVIRES DOUBLÉS EN ZINC

(*Extrait du Veritas ou Lloyd Français*).

Numéros d'ordre	NOMS DES NAVIRES.	DES CAPITAINES.	Années du doublage	NOMS DES ARMATEURS.	PORTS D'ARMEMENT.
1	Aera	J. C. Ludders	1840	Boelen et Comp.	Amsterdam
2	Actif	J. Banon	—38	Vidal et Banon	Toulon
3	Adolphe	J. Lacroix	—39	Brugnière Bessière et Cie	Cette
4	Adriana	Vander Hack P	—40	A. Van Rossum	Rotterdam
5	Adrien et Marie	G. Grasset	—45	A. Peridier	La Seyne
6	Aegir	C. K. Behrens	—42	M. Nygaard et Cap.	Bergen
7	Africa	C. Ouman	—43	Boelen et Comp.	Amsterdam
8	Africain	F. E. Fiquet	—43	A. Pilastre	Rouen
9	Afrique	Nebles	—44	Mille et Comp.	Toulon
10	Agatha	W. de Groot	—42	C. M. Nap.	Groningen
11	Agenoria	Vanderkoff Ae.	—43	J. Hudig et Comp.	Rotterdam
12	Atlantide	P. A. Michelini	—40	Capitaine	Gênes
13	Albert	A. Gavoty	—38	A. Gavoty et Comp.	Toulon
14	Alcide	Gimelly	—38	Capitaine	Marseille
15	Alcion	Hermange	—42	Bourdasse	Saint-Malo

Numéros d'ordre	NOMS		Années du doublage	NOMS	PORTS
	DES NAVIRES.	DES CAPITAINES.		DES ARMATEURS.	D'ARMEMENT.
16	Alerte	E. S. Heugé	1843	Delamare	Rouen
17	Aletta	J. H. Wohlgemuth	—43	R. Rahusen	Norden
18	Alexandre	L. Clémence	—43	A. Lecourt	Dieppe
19	Alexandre	C. Homery	—41	De Gouvon Beaufort	Saint-Servan
20	Allersma	P. W. Vos	—40	E. M. Wieringua	Groningen
21	Alphonse	C. Gallois	—40	J. Michel fils	Saint-Malo
22	Amabile Rosa	P. Ferres	—41	Capitaine	Barcelone
23	Amalia	Drizza	—37	Capitaine	Hydra
24	Amalia	F. Osollo	—40	M. Zulmelzo	Santander
25	Amélie	Germanit	—43	E. Campion et Theroulde	Granville
26	Amélie	P. M. Gurlet	—44	Veuve Guibert et fils	Saint-Servan
27	Amélie	Pouliguen	—43	Le Saulnier-Saint-Jonan	Binic
28	Amicizia	D. Cordiglia	—39	L. Aquarone	Gênes
29	Amitié	P. Guguen	—37	P. Fontan	Saint-Malo
30	Amphitrite	H. Jansen	—43	J. Hudig	Rotterdam
31	Amstel	P. Boysen	—45	Fraissinet et Van Baak	Amsterdam
32	Anacharsis	M. Gimié	—40	Bossier père et fils	Marseille
33	Anastasia	Vucassowich	—45	A. Ginrassovich	Trieste
34	Anaxis	F. Hamouy	—45	Boulouguet	Blaye

35	Andromaque.	Maugras.	1839	A. Viot.	Nantes
36	Auge Gardien	L. Tallibert.	—45	A. Magon-Vieuville	Saint-Malo
37	Angélique	Broutin / F. Gérou.	—39	Ch. Christians frères.	Dunkerque
38	Angélique	J. Buot.	—41	Raymond et Forestier.	Saint-Malo
39	Anna.	S. B. de Jonge.	—45	Daniel et fils et Arbman.	Amsterdam
40	Anna,	J. P. Gibert.	—40	Capitaine.	Gruissan
41	Anna-Rebecka.	J. C. Kreye.	—42	Steinboemer et Lubinus.	Norden
42	Annibal	A. Domestini	—44	Capitaine.	Syra
43	Anténore.	Perlainovich.	—37	B. Pontio-Nicoli	Odessa
44	Antigone.	Legruel	—45	J. Keenan	Havre
45	Antoinette	Chapuy	—38	Capitaine.	Toulon
46	Antoinette	B. G. Peters.	—39	C. et H. Ralnsen	Leer
47	Antoni.	E. A. Mugge.	—44	G. Van Hoogstraaten et fils	Dordrecht
48	Antonia	H. A. Hendricks.	—45	C. Van de Stadt	Amsterdam
49	Antonin	Rogerie	—38	Lemengnonnet.	Granville
50	Antonius.	G. Govaerts.	—42	F. H. Nieberbing	Anvers
51	Apollo	D. J. Mik.	—43	G. Mauritz.	Dordrecht
52	Arabe	Jourdan	—38	Jourdan et Comp.	Marseille
53	Archipel.	G. Engeslman.	—41	C. Psicha	Amsterdam
54	Arestidome.	M. Perlainovich.	—36	Zino Francesco.	Odessa
55	Arestidome.	Tianich	—35	P. Grazzi.	Trieste
56	Arjen Bruwer	A. J. de Boer	—43	A. A. Brower	Joure
57	Armand	J. B. Hauvet	—43	Morisseaux et Monnet	Havre
58	Armoricain.	F. Jean	—44	A. Michel	Dinan

Numéros d'ordre	NOMS		Années du doublage	NOMS	PORTS
	DES NAVIRES.	DES CAPITAINES.		DES ARMATEURS.	D'ARMEMENT.
59	Arsène	Blanchandin	1840	Lemaréchal	Saint-Servan
60	Arsène	Merel	—40	A. Lhotelier	La Richardais
61	Artilleur	C. Lebourgeois	—45	Duménil Leble	Havre
62	Association	Boucard	—43	Chauve jeune	Nantes
63	Assunta	F. Gazzini	—33	D. B. Bosco frères	Gênes
64	Astréa	Cabruja fils	—41	M. J. Tendon	Palamos
65	Astronome	Terrier	—40	Granier	Marsille
66	Athénaïs	Rehecq	—39	P. Roca	Marseille
67	Atlas	H. Dugas	—45	Turpin	La Rochelle
68	Auguste	E. Bourdasse	—42	L. Hovius	Saint-Malo
69	Auguste	Brillant	—44	Malicorne	Granville
70	Auguste	Giffard	—43	Lossieux	Saint-Servan
71	Auguste	J. Helsmortel	—44	Veuve J. Vaik de Hnuyt.	Ostende
72	Auguste et Adolphe	Leloup	—43	Veuve Doinel	Granville
73	Augustine	Delamusse	—41	Darthenay	Granville
74	Aurora	B. Sire	—41	Larsonneur	Saint-Malo
75	Automnc	J. M. Noël	—44	J. M. Deshais	Saint-Malo
76	Ave Maria	L. Boutruche	—41	Bazin et Comp.	Dinan
77	Axim	E. E. Mos	—40	Boelen et Comp.	Amsterdam

78	Babiole	J. Gasteaux	1842	Galubert fils aîné et fils.	Marseille
79	Baptistin	J. B. Gimie	—42	Guillaumain	Marseille
80	Barendina	J. Houssanger	—42	J. Houssager et Comp.	Amsterdam
81	Baron Pascotini	Puglese	—38	A. Slavich	Raguse
82	Baronne de Bossy	Aubert	—43	Malicorne	Granville
83	Basque	J. C. Dupuy	—45	J. M. Goyetche	Bayonne
84	Bayonnaise,	Calange	—40	Langlois père et fils.	Granville
85	Bel Ernest	B. Gibert	—41	J. P. Crouzet	Marseille
86	Bella Carlotta	L. Schiaffino	—34	G. Gastal	Montévidéo
87	Belle Poule	Bouisson	—44	Valentin et fils	Le Sénégal
88	Bellone	P. Jean	—40	Bosquet et Comp.	Saint-Servan
89	Béranger	Richardeau	—40	A. Richard	Nantes
90	Bérénice	J. Roger	—41	Capitaine	Havre
91	Bey	J. Noteboom	—41	De Bries Boelen et Comp.	Amsterdam
92	Binicas	F. Chattet	—41	Lesaulnier Saint-Jouan	Binic
93	Blayais	Barbe	—41	Capitaine	Bordeaux
94	Bonne Adèle	Caussy	—41	Chimichi et Marini	Marseille
95	Bonne Elisa	Lami	—33	Savine	Marseille
96	Bonne Marie	Saulny	—39	A. Liancourt	Nantes
97	Bonne Mère	Flary	—45	Ducros	Marseille
98	Bonne Mère	H. Gilles	—42	J. Pilastre	Rouen
99	Bonne Mère	F. Levay	—42	P. Alenou	Binic
100	Bouvreuil	Avril	—41	Gaultier jeune et fils.	Saint-Malo
101	Briante	N. Repetto	—40	Capitaine	Gênes
102	Briesis	J. Jansen	—42	S. Poleologo Aszu	Amsterdam

Numéros d'ordre	NOMS		Années du doublage	NOMS	PORTS
	DES NAVIRES.	DES CAPITAINES.		DES ARMATEURS.	D'ARMEMENT.
103	Buona Madre.	F. G. Vianello.	1841	F. G. Vianello et Comp.	Venise
104	Buona Maria.	F. G. Ghezo.	—34	Scarpa et Comp.	Fiume
105	Camille.	Bernard jeune.	—45	E. Lauger.	Marseille
106	Camille-Adeline	Gigaud.	—44	J. J. Despeaux.	Bayonne
107	Cannois.	Raymond	—41	Ch. Anne	Marseille
108	Carl	J. H. Martinetcourt	—43	Metzenthin et Comp.	Stettin
109	Castravand.	Travaud.	—45	Homsy père et fils.	Marseille
110	Catharina	De Groot Bakker	—36	J. J. Meyjes et fils.	Amsterdam
111	Cayennais	P. Joyau.	—40	F. Vadée et fils	Nantes
112	Cèdre	Mordeille	—38	Mouret et Franc.	Marseille
113	Céline	Clérout.	—44	W. Genevois.	Nantes
114	Cérès.	Ledemeslé.	—41	L. Hovins	Saint-Malo
115	César-le-Jeune.	Mathé.	—40	Lebidois et Comp.	Marseille
116	Cesare	Tréfiléti	—37	Capitaine.	Palerme
117	Charles.	Kemès.	—42	Acquerone aîné	Marseille
118	Christina	J. E. Wendin.	—41	H. F. Postel.	Sundsvall
119	Cid.	T. Peker.	—39	Cornillier aîné.	Nantes
120	Cineque-Sorelle	N. Vidovich.	—42	B. Bezelese.	Constantinople
121	Citadelle.	L. Darras	—41	Bourdon et Comp.	Dunkerque

122	Clarisse	Deniel	1844	Lauriol frères	Nantes
123	Clarisse	Simon	—39	Campion et Theroulde	Granville
124	Clarisse	Saint-Lô A	—44	Veuve Fougeray	Granville
125	Clemente-Filippo	Cordiglia	—36	Minerbi	Gênes
126	Colomba	A Copola	—38	Capitaine	Gênes
127	Colombe	L. F. Lecoq	—43	Malicorne	Granville
128	Colombe	J. Pesquière	—44	Pivert	Saint-Malo
129	Colombe	L. J. Neble	—39	Sénéquer . . (Ducarrez	Toulon
130	Colombien	Sohier de Vaucouleurs	—42	Ciret, François et Baudot—	Nantes
131	Colonist	P. J. Feynt	—43	Reels frères	Amsterdam
132	Commerce	E. Joyau	—45	Dupont	Sables d'Olonne
133	Comte Foy	Pille	—44	Auger (de Cayenne)	Bordeaux
134	Comte Haydem	G. Zarb	—37	E. Tayaferro	Odessa
135	Conception	D. Maure fils	—40	Capitaine	Saint-Felieu
136	Concorde	J. Campion	—45	Capitaine	Havre
137	Concordia	J. M. Cappen	—39	Harms et fils	Harlingen (zaan
138	Concordia	B. J. Wygers	—39	E. Smit	Koog - aan - de-
139	Concordia	H. J. Witt	—43	P. Foel et fils	Amsterdam
140	Condor	P. L. Grefeuille	—39	J. Valette	Marseille
141	Confiance-en-Dieu	P. Lespéron	—41	Marmissolle	Bayonne
142	Confiance-en-Dieu	Sauron	—36		La Martinique
143	Constance	Bourrey	—43	Girard	Granville
144	Constant	E. Messemacker	—41	De Saint-Hilaire	Dunkerque
145	Corina	J. Pont	—40	Capitaine	Benicarlo
146	Cornelis	R. F. Mellema	—39	W. Paauw et de Wolf	Purmerend

Numéros d'ordre	NOMS		Années du doublage	NOMS	PORTS
	DES NAVIRES.	DES CAPITAINES.		DES ARMATEURS.	D'ARMEMENT.
147	Cornelis-Dasse-Victor..	A. A. Borgman. . .	1840	J. F. Victor..	Winschoten
148	Corrière d'Égitto. . . .	G. Martinolich. . . .	—37	Capitaine.	Venedig
149	Corrière de Trieste. . .	J. Cartigiano.	—42	A. Soitta.	Messine
150	Cort Adeler.	E. Helland.	—44	A. Helland.	Bergen
151	Costante.	A. Solari.	—39	F. Casaretto.	Gênes
152	Costant.	L. Tancredi.	—44	Capitaine.	Porto-Ferrajo
153	Courage.	Ardisson.	—40	A. Bazin.	Marseille
154	Courrier.	L. Douet.	—40	Bouet père.	Rochefort
155	Courrier.	A. Renard.	—42	F. Baudou.	Dieppe
156	Courrier.	O. B. Von Santen. .	—44	Kramer et fils.	Kniphausen
157	Courrier de Terre-Neuve	Titus.	—44	Veuve Guibert et fils.. .	Saint-Servan
158	Courrier de Saint-Pierre	O. Lamusse.	—41	E. Campion et Theroulde.	Granville
159	Courrier des Antilles. .	J. F. Guiberg. . . .	—42	L. Allenou.	Binic
160	Credente-Sincero. . . .	A. P. Dobinovich. .	—39	Erznich..	Trieste
161	Czar Pierre.	Racine.	—45	L. Hovius.	Saint-Malo
162	Clas..	M. D. Dobinovich. .	—45	Dabinovich et frères. . .	Trieste
163	Damier. , ...	F. Guérin.	—40	Thomaseau frères. . .	Saint-Malo
164	Daniel.	W. Vanduyn.	—45	Boissevain et Comp. . .	Amsterdam
165	Décidé.	J. Grosse.	—46	Jourdan et Capitaine. .	Granville

166	Désirée.	F. Souquet.	1845	J. Michel et fils.	Saint-Malo
167	Deux Charles.	F. Lemonier.	—43	Blondel et Morisse.	Dieppe
168	Deux Émilies.	Perivon fils aîné.	—45	Périvon.	Granville
169	Deux Frères.	Bourges Ledoublet.	—46	Lemoine.	Saint-Malo
170	Deux Frères.	A. A. Esnol.	—44	J. et L. Malicorne.	Granville
171	Deux Frères.	Souquet.	—40	J. Michel.	Saint-Malo
172	Deux Frères unis.	Lemenager.	—43	J. M. Deshais.	Saint-Malo
173	Deux Maria.	A. Fontaine.	—47	Capitaine et Comp.	Bordeaux
174	Deux Sœurs.	Ledautec.	—47	J. M. Tuellan et fils	Portrieux
175	Deux Sophie.	Venaudeau.	—45	Ridault Veuve.	Granville
176	Diligencia.	M. Garcia.	—43	Capitaine.	Mayorque
177	Diligente.	C. Pianovi.	—46	M. Tisso.	Gênes
178	Dinannais.	P. Lami fils.	—46	Lepommelec.	Binic
179	Diogènes.	H. Oltaggio.	—46	L. Luppi.	Gênes
180	Docile.	A. Petrino.	—36	A. Persich.	Raguse
181	Dolorès.	J. Forte.	—36	J. Berni.	Saint-Felien
182	Dolphyn.	E. Visser.	—46	G. Schimmelpennik.	Deventer
183	Dorade.	A. Baret.	—43	Campion et Theroulde.	Granville
184	Dorade.	F. Lesolleuze.	—47	L. Morand.	Paimpol
185	Drafna.	H. Eckersberg.	—45	H. Kjoer et Comp.	Drammen
186	Drie-Broeders.	H. J. Hubert.	—44	C. Smith et fils.	Zaamdam
187	Due-Fratelli.	J. B. Lavagna.	—45	Rocca frères.	Gênes
188	Duguesclin.	Hamonet.	—46	De Keraestem.	Le Légué
189	Ebe.	N. Gregoretti.	—45	G. F. Perini.	Venise
190	Éclair.	Bernard.	—46	A. Blanchet.	Toulon

Numéros d'ordre	NOMS		Années du doublage	NOMS	PORTS
	DES NAVIRES.	DES CAPITAINES.		DES ARMATEURS.	D'ARMEMENT.
191	Éclipse.	Dallest.	1844	Julien aîné.	Marseille
192	Économie.	A. Duyaye.	—47	L. Hovius.	Saint-Malo
193	Économie.	P. L'hôtelier.	—46	Lemoine.	Saint-Malo
194	Écureuil.	L. M. Fouquet.	—45	P. Fontan.	Saint-Malo
195	Édouard.	Heleux.	—44	Lemaréchal.	Saint-Servan
196	Édouard.	F. A. Massé.	—40	A. Govard.	Dunkerque
197	Édouardo.	F. Galtorno.	—42	A. Zucoli et Comp.	Gênes
198	Edwige.	P. Jan.	—43	Pivert aîné.	Saint-Malo
199	Eendragt.	Kleinhouwer.	—46	K. C. Koker.	Broek
200	Eeinigkeit.	J. C. Brarens.	—46	J. Schull.	Kniphausen
201	Eeinigkeit.	J. Schottey.	—45	Otto Neddogendal.	Anvers
202	Elephterio.	Yanouli.	—46	Capitaine.	Syra
203	Élie Nicolas.	N. Zoccola.	—45	Savine et fils.	Marseille
204	Élisa.	Besnier.	—44	Capitane.	Granville
205	Elisa.	H. G. Borchers.	—43	N. J. de Cock.	Rotterdam
206	Élisa.	Brindjonc.	—46	Capitaine.	Saint-Brieuc
207	Élisabeth.	Beaufils.	—47	Lerond.	Grandville
208	Elvina.	G. Lemaréchal fils.	—44	Lemaréchal.	Saint-Servan
209	Émil.	J. J. Penssenthin.	—45	H. Grawitz et Comp.	Stettin

210	Émilie.	Lecaplain.	1845	Lemengnonnet.	Granville
211	Émilie Sophie.	Zuiderduin.	—47	H. J. Rahe et Comp.	Amsterdam
212	Emma.	J. M. Bougot.	—41	J. M. Deshais	Saint-Malo
213	Emmanuel.	C. Razzacuta.	—47	Rodocanachi	Odessa
214	Enrichetta Clementina.	Astolfi.	—39	L. H. Hierschell.	Trieste
215	Entreprise.	P. Briançon.	—46	A. Lecour.	Nantes
216	Éolo.	P. Schiaffino.	—43	Capitaine et Comp.	Gênes
217	Ercole.	G. Pitré.	—40	G. Danna.	Palerme
218	Ernestine.	L. Perraud.	—41	Gicquel aîné.	Nantes
219	Esméralda.	Renaud.	—45	L. L. Lancelot.	Nantes
220	Espérance.	Rolland.	—46	P. Rouxel.	Portrieux
221	Espoir	Delisle.	—45	Veuve Guibert et fils.	Saint-Servan
222	Esther.	Lemaistre.	—46	Lecler fils.	Granville
223	Été.	J. B. Hamon.	—45	J. M. Deshais.	Saint-Malo
224	Étoile d'Orient.	Guiraut.	—41	J. Pichaud.	Marseille
225	Etruria.	Cassaretto.	—42	G. Chili.	Livourne
226	Eugène Jenny.	Guérin.	—45	Guérin fils.	Cette
227	Eugénie.	J. Roustan.	—45	Granier aîné.	Cette
228	Eugenio.	G. Carpena.	—37		Livourne
229	Euphrosine.	A. V. Lemière.	—46	J. Keenan.	Havre
230	Europa.	J. B. Podesta.	—45	Dalorzo frères.	Gênes
231	Euthymènes.	J. Garçon.	—43	L. Chautrelle.	Nantes
232	Éole.	Magnato.	—47	Capitaine.	Spezzia
233	Fanchione.	Demetria.	—47	Capitaine.	Syra
234	Fanny.	Cochet.	—36	Veuve Guibert et fils.	Saint-Servan

Numéros d'ordre	NOMS DES NAVIRES.	DES CAPITAINES.	Années du doublage	NOMS DES ARMATEURS.	PORTS D'ARMEMENT.
235	Fanny	J. Goldsmith	1845	Elliott et Comp.	Newcastle
236	Fanny	P. Ocket	—46	Van Thield	Louvain
237	Faune	Louais	—43	Piquelin	Granville
238	Fauvette	C. Crussard	—46	Gautier jeune et fils	Saint-Malo
239	Federico	Vallebona	—35	L. Giova	Gênes
240	Félicita	P. Vallaro	—47	Capitaine	Gênes
241	Félicité	J. P. Castan	—45	Toulougnon fils et Comp.	Cette
242	Félix Jules	J. Rouquette	—41	Cohen fils de Sam.	Marseille
243	Fénelon	Behie	—41	P. Fontan	Saint-Malo
244	Fetouhé	Viau	—47	Capitaine et Comp.	Marseille
245	Figaro	P. Manau	—42	Capitaine	Barcelone
246	Fils unique	Richard	—42	Girodroux, Bosquet et Cᵉ	Saint-Servan
247	Flora	Nielsen	—41	O. J. Duus	Krageroë
248	Fortunato	Capiello	—43	Capitaine	Livourne
249	Fortunato	G. Capurro	—43	Molfino	Gênes
250	Fortunato	F. Peire	—43	Capitaine	Gênes
251	France	Maignier	—44	Menard	Saint-Servan
252	Francis	Tanqueray	—44	Lemoine	Saint-Malo
253	François	F. Martin	—44	J. M. Corbel	Binic

254	François-Xavier,	M. L. Macé..	1845	Bazin de Jessey et Comp.	Dinant
255	Franz.	W. Pottlich.	—43	J. T. Hemptenmacher.	Stettin
256	Franz-Gustave-Oscar.	G. Silane.	—33	H. Schancke.	Bergen
257	Frédéric.	Auffre.	—44	Olanier.	Bordeaux
258	Friesland. . [Syizama.	P. W. De Vries.	—42	B. Visser et fils.	Harlingen
259	Frieslands - Gouv.-van-	H. F. Zylitra.	—46	A. H et H. A. Tromp.	Woudsend
260	Gascon.	Albergner.	—44	Homsy frères.	Marseille
261	Gaspard Monge.	P. L. Ridel.	—47	C. Liancour.	Nantes
262	Gazette.	F. Sire.	—45	Campion et Theroulde.	Granville
263	Geeres.	G. J. Das.	—44	Capitaine.	Pekela
264	Geleugich.	M. Bratlich.	—	A. Bratlich.	Trieste
265	Genitore.	Budinich.	—39	Budinich et Comp.	Trieste
266	Georges.	H. Gautier.	—41	Homsy frères.	Marseille
267	Georges.	Soderstron.	—43	S. Forssell.	Umea
268	George-Sand.	P. Bel et Bel.	—45	Savine.	Marseille
269	Georgette.	P. N. Morgat.	—47	Bonnemort et Becker.	La Rochelle
270	Giovani.	Scopinich.	—37	Ce. Austro Italienne.	Raguse
271	Giovani Paolo.	P. Sardi.	—41	G. Fabri frères.	Livourne
272	Giulio.	A. Repetto.	—46	J. B. Repetto.	Gênes
273	Giuseppa.	Greco.	—35	V. Florio.	Palerme
274	Giuseppina.	G. Massone.	—46	G. Rocca frères.	Gênes
275	Giuseppina.	M. Risso.	—42	Capitaine.	Gênes
276	Glaneur.	Poineau.	—39	Lemoine.	Saint-Malo
277	Glaneuse.	Morvan.	—47	Magon Vieuville.	Saint-Malo
278	Globe.	P. Juge.	—45	P. Juge père et fils.	Cette

Numéros d'ordre	NOMS		Années du doublage	NOMS	PORTS
	DES NAVIRES.	DES CAPITAINES.		DES ARMATEURS.	D'ARMEMENT.
279	Glory.	N. M. Andersen.	1847	H. N. Smith.	Lemvig
280	Goede-Vrede.	L. C. Peters.	—43	J. et T. Van Marselis.	Amsterdam
281	Goeland. [len-Nyveld.	M. A. Metairie.	—43	Villeferon jeune.	Le Légué
282	Gouv.-Baron-van-Zui-	A. J. Sluik.	—47	B. Visser et fils.	Harlingen
283	Grand-Condé.	L. Lami.	—43	Fontemoing.	Dunkerque
284	Gravina.	Calzada.	—42	Vidal (de Marseille).	Saint-Felieu
285	Guillaume Tell.	J. F. Dreano.	—44	A. Leboyer.	Nantes
286	Guiton.	J. P. Turbé.	—42	Capitaine.	La Rochelle
287	Hakon-Adelsteen.	Pettersen.	—44	A. Helland.	Bergen
288	Harlingen.	R. L. Schaap.	—40	B. Visser et fils.	Harlingén
289	Harmonie.	L. Junthial.	—40	Perrée frères.	Marseille
290	Harmonie.	P. H. Schabeling.		P. J. Hordyk.	Dordtrecht
291	Hasard.	Jeanne.	—45	Veuve Guibert et fils.	Saint-Servan
292	Havre et Bordeaux.	Legonidec.	—46	T. Tridon et Comp.	Bordeaux
293	Hélena Catharina,	De Boer.	—44	Ned. Koffscheeps Reedry.	Amsterdam
294	Hélène.	J. B. Sellin.	—44	D. D. Bresler.	Stettin
295	Héloïse.	Halo.	—45	Hesbert-Closneuf.	Saint-Malo
296	Henry	D. J. Bondon.	—47	J. M. Deshais	Saint-Malo
297	Henry	Lefebvre.	—40	Capitaine	Granville

298	Henry Anselme	C. Bousquet	1843	J. Galibert	Marseille
299	Henriette	A. L. De Haan	—45	J. Meyjes et fils	Amsterdam
300	Hercule	P. Cormier	—43	S. Duval et Comp.	Paimpol
301	Hercule	L. L. D. Xue	—47	A. Freret	Fécamp
302	Hermosa-Simi	V. Delmas	—46	Ramon Pena et Comp.	Carthagène
303	Herstelling	Wiersma	—45	S. W. Visser	Lemmer
304	Heureux Antoine	Bernard	—46	S. Reboul	Marseille
305	Hillegonda Ida	Hendriks	—44	K. Van de Stad	Amsterdam
306	Hillegonda Susane	Blom	—44	J. De Booy	Amsterdam
307	Hippolyte	L. Jafrin	—43	De K. Autem et fils	Le Légué
308	Hippolyte-Adolphe	Palvadeau	—45	Gerloux aîné	Bordeaux
309	Hippolyte-Marie	Voisin	—47	De Gouyon Beaufort	Saint-Servan
310	Homs	Flotte	—47	A. Dromel	Marseille
311	Hoop	O. J. Koning	—44	G. Van Hoogstraten	Dordtrecht
312	Huit Avril	Avril	—40	Fontan	Saint-Malo
313	Hunderen	K. C. Oouwehand	—41	Kerkoven et Couthino	Amsterdam
314	Henri IV	J. B. Vie	—47	V. Larchevêque	Dieppe
315	Ibis	Dreano	—40	Hignard frères et Comp.	Nantes
316	Ida Cornelia	W. Schenk	—41	H. J. Engelkens	Winschoten
317	Ida Wubbina	W. E. Dik	—45	Scheemda	Pekela
318	Indéesis	Prevel	—45	Guibert fils	Saint-Servan
319	Indépendant	His	—41	Bardot	Nantes
320	Industrie	Cosmao	—46	Luard et Comp.	Havre
321	Intimes	Dufour	—45	Guibert	Paimpol
322	Intrépide-Corse	Beaugrand	—44	Bigot	Havre

| Numéros d'ordre | NOMS | | Années du doublage | NOMS | PORTS |
	DES NAVIRES.	DES CAPITAINES.		DES ARMATEURS.	D'ARMEMENT.
323	Intrepido	J. Visin	1847	Capitaine	Trieste
324	Invincible	Avello		G. Avello	Villa-Joyosa
325	Invincible	Moroni	—41	Capitaine	Villa-Joyosa
326	Iris	Robine	—41	Bidault	Granville
327	Isly	Viaccara	—45	Badelti	Marseille
328	Jacoba	H. S. Bakker	—44	Ned-Koff-Scheeps-Reedry	Amsterdam
329	Jacoba	A. K. De Groot	—45	Kranenborg et fils	Amsterdam
330	Jacobina Barbara	Schut	—45	J. Veenhoven	Sapmeer
331	Jacques	Fauvel	—43	Campion et Theroulde	Granville
332	Jager	Bok	—44	B. Abbing	Alkmaar
333	Jan Jacob	Lutje	—40	Heemskerk frères	Amsterdam
334	Jantina Petronella	L. G. Dik	—40	J. U. Zuiderveen	Pekela
335	Jean Bart	Le Hodey	—46	Brouaise	Granville
336	Jean Marie	J. M. Etuard	—42	J. M. Deshais	Saint-Malo
337	Jan-van-Eyck	J. Minne	—47	Chantrell Stappeus	Brugge
338	Jeanne d'Arc	Robiquet	—44	De Gouyon Beaufort	Saint-Servan
339	Jeanne Hachette	Durand	—40	De Gouyon Beaufort	Saint-Servan
340	Jeune Agathe	Melinaër aîné	—42	Beautemps et Lecoupé	Granville
341	Jeune Amédée	Vagnon	—42	O. Lepinay et Comp.	La Hougue

342	Jeune Arthour.	J. Fleury.	1846	J. Michel fils	Saint-Malo
343	Jeune Basquaise	J. Larra.	—46	C. Detroyat et Comp.	Bayonne
344	Jeune Berthe	D'Almeida.	—44	Rathier et C. Gautier	Saint-Malo
345	Jeune Charles	J. M. Degas.	—43	J. Michel fils.	Saint-Malo
346	Jeune Ernest.	Corre.	—44	M. Vauloup	Nantes
347	Jeune Félix.	C. F. Dubern..	—46	Harmange jeune.	Nantes
348	Jeune Frédéric.	Gautier.	—45	Lebreton Brun.	Nantes
349	Jeune Henri	Abeille.	—44	Juliani père	Marseille
350	Jeune Henri	Meunier.	—43	H. Besnard.	Lelégué
351	Jeune Henriette	J. C. Perissol.	—44	Rouchon frères et Tardieu	Marseille
352	Jeune Joseph.	P. F. Viard.	—46	C. Liancour.	Nantes
353	Jeune Léa	J. Fougeray.	—43	Veuve Doinel	Granville
354	Jeune Ludovic.	Veron.	—43	L. Hovins.	Saint-Malo
355	Jeune Mathilde.	Mesniger.	—46	Beust et Rioteau.	Granville
356	Jeune Prosper.	Duperoux.	—47	J. M. Viaud et Comp.	Rochefort
357	Jeune Victoire.	P. Dutot.	—44	Rosé.	Rouen
358	Johann Friedrich	J. Domke..	—42	J. Grunau.	Stolpe
359	Johanna	P. L. De Boer.	—46	J. Cardinaal.	Kniphausen
360	Johanna	F. H. Hoff.	—41	A. H. Smaal.	Delfzyl
361	Johanna Jacoba	K. G. Sap.	—39	Salm et Schreuder.	Amsterdam
362	Johanna Maria.	Dupont.	—46	Veuve Dufougeray.	Granville
363	Joinville	Noé.	—43	Chantrelle frères.	Nantes
364	Jonge Arie.	S. Post.	—46	L. Van der Hoog.	Maasluis
365	Jonge Catharina	H. Punke.	—46	T. Machielsen	Amsterdam
366	Jonge Jacobus	Hoogendyk.	—37	A. Hoogendyk.	Vlaardingen

Numéros d'ordre	NOMS		Années du doublage	NOMS	PORTS
	DES NAVIRES.	DES CAPITAINES.		DES ARMATEURS.	D'ARMEMENT.
367	Joseph	Hameline.	1846	Beust et Riotteau	Granville
368	Joseph	G. J. Le Franc.	—47	Capitaine.	Bordeaux
369	Joseph	Valette.	—42	Boissezeau fils.	Agde
370	Joséphine	J. B. Hayaert.	—47	C. Christians	Dunkerque
371	Joséphine	J. Lorens.	—47	Capitaine.	Cadaques
372	Joséphine	Regnier père.	—45	Veuve Jourdan	Granville
373	Joséphine-Marie	Aillet jeune	—47	Dupuy Fromy frères.	Saint-Malo
374	Juanito.	F. Carrau.	—41	Capitaine.	Villasar
375	Jules.	Pesqui aîné	—44	Capitaine.	Gruissan
376	Junon	Bouton.	—43	Thomazeau frères.	Saint-Malo
377	Jupiter.	Bouillement.	—43	A. Postel et fils.	Havre
378	Juventus.	H. Job.	—42	T. Speeding.	Sunderland
379	Koning Willem.	Singer.	—44	A. H. et H. A. Tromp.	Woudsend
380	Koophandel	C. E. Hoeksma.	—46	G. Schimmelpennik.	Deventer
381	Koophandel	H. F. Remmer.	—44	J. Hudig et fils.	Rotterdam
382	Koophandel et Zeevaart	H. Den Breems	—38	A. Hoogendyck junior.	Vlaardingen
383	Laborieux	F. Lami.	—43	Assier et Comp.	Bordeaux
384	Lady Briggs	J. Pellegrin	—42	Capitaine.	Malte
885	Lapeyrouse.	Lefort.	—40	Slade Lemaître et Comp.	Havre

386	Laure	Davenet	1843	Lang'ois père et fils	Granville
387	Léocadie	Gambie aîné	—42	Campion et Theroulde	Granville
388	Léocadie	J. M. Raymond	—47	Veuve Hamono	Portrieux
389	Léonidas	Pintedevin	—44	Lemoine	Saint-Malo
390	Léopold	J. T. K. Waje	—45	Spilliaerdt-Caymax	Anvers
391	Levrier	E. Avril	—46	Fontan	Saint-Malo
392	Leyre	Claverie	—47	J. Maurel Prom et Ce	Bordeaux
393	Linot	Leroux	—45	Gautier jeune et fils	Saint-Malo
394	Liron	V. P. Rioux	—47	P. Fontau	Saint-Malo
395	Lise	Lebamier		Veuve Guibert et fils	Saint-Servan
396	Loochristi	J. Cornelis fils	—46	N. J. de Cock frères	Gent
397	Lariot	J. M. Trouillard	—46	Gautier jeune et fils	Saint-Malo
398	Louis	Sanson	—47	Leclec	Grauville
399	Louis-Philippe	J. Coste	—46	C. Vallin et Comp	Nantes
400	Louise	G. Anison	—46	De Preigne	Nantes
401	Lovor	M. Fiscovich	—45	Capitaine	Trieste
402	Lydi	K. Garion	—46	Leclerc	Granville
403	Libre échange	J. F. Fabre	—47	Capitaine	Cannes
404	Maartje	P. Poldewaart	—44	S. Van Gyn et fils	Vlaardingen
405	Madona Ippopandi	Nomico		Capitaine	Santorin
406	Magellan	J. Vandersteene	—46	P. Vincent	Gent
407	Magnifique	Baron	—44	J. J. Despeaux	Bayonne
408	Malouin	F. Couteur	—47	L. Blaise	Saint-Malo
409	Maracaïbo [Genisa	H. R. Couter	—41	H. Van Rykevorssel	Rotterdam
410	Margaretha-Henrieta-	H. Wilems	—46	Van der Bey el Comp	Amsterdam

| Numéros d'ordre | NOMS | | Années du doublage | NOMS | PORTS |
	DES NAVIRES.	DES CAPITAINES.		DES ARMATEURS.	D'ARMEMENT.
411	Maria	S. Dodero	1843	N. Dodero	Gênes
412	Maria	Lafon de Camarsac	—47	G. Laporte	Bordeaux
413	Maria		—44	Quesner et Menard	Havre
414	Maria	S. J. Rotgans	—46	P. Craandyk junior	Amsterdam
415	Maria-Adriana	C. Vander Plas	—41	Minderop et Van Heel	Rotterdam
416	Maria-Johanna	Vander Valk	—41	J. Hoogendyk junior	Vlaardingen
417	Maria-Théresa	C. Romano	—40	V. Azzopardi	Malte
418	Marianne	Petit	—46	L. E. Schloesing	Marseille
419	Marie	E. Klintberg	—46	L. N. Enequist et Comp.	Wishy
420	Marie	J. M. Lemoine	—46	Lhotellier	La Richardais
421	Marie	F. Rebours	—44	Lesaulnier Saint-Jouan	Binic
422	Marie	Van Soolingen	—45	Capitaine	Riga
423	Marie-Aglaé	P. Taconnet	—46	F. Herbelin	Nantes
424	Marie-Angélique	L. Armange	—47	Boué et Loyer Villlermé	Saint-Malo
425	Marie-Antoinette		—44	Spilliaerdt Caymax	Anvers
426	Marie-Antoinette	Cochet	—43	Veuve Guibert et fils	Saint-Servan
427	Marie-Caroline	L. P. Hautbois	—44	Masurier jeune et ses fils	Havre
428	Marie-Charlotte	T. Chatel	—45	Malicorne frères	Granville
429	Marie-Antoinette	Comte	—44	Pastré frères	Marseille

430	Marie-Félicité	F. Moulin	1847	Turpin.	La Rochelle
431	Marie-Laure	Menaut	—47	J. Key.	Anvers
432	Marie-Thérèse	D. Marin	—46	Bruno Roustan.	Marseille
433	Marietta	D. J. Ramond.	—38	Capitaine.	Yvice
434	Marne	J. Reynier.	—45	Rivet fils.	Marseille
435	Mary.	J. R. Sadé.	—47	P. Amanieu.	Bordeaux
436	Masséna	H. Pellier	—40	Hignard frères et Comp.	Nantes
437	Mathilde.	H. Collet	—44	A. Govard.	Dunkerque
438	Mathilde.	Hersent	—47	Veuve Doinel.	Granville
439	Mathilde.	F. Pallina.	—44	P. Pallina.	Trieste
440	Mathilde.	L. Talvar	—45	Veuve Guibert et fils.	Saint-Servan
441	Matinal.	Heurtault	—46	A. Thomas et V⸱Duclesieux	Saint-Malo
442	Mazagran	G. M. Lebourch.	—42	A. Thomas et V⸱Duclesieux	Saint-Malo
443	Mazeppa.	P. Loir	—47	Masurier jeune.	Havre
444	Mélanie	Durand	—46	Veuve Guibert et fils.	Saint-Servan
445	Melchior.	J. Huberson.	—46	Verdelet frères.	Bordeaux
446	Mentor.	De Kok	—44	Bonke et Comp.	Rotterdam
447	Mercurius	J. Van Hall	—44	F. A. Klein et Comp.	Amsterdam
448	Merwede.	Van Driestein	—45	G. Van Hoogstraten.	Dordtrecht
449	Mésange	J. Colas	—47	Gautier jeune..	Saint-Malo
450	Mexico.	J. Kuyt	—47	Van Rykevorssel.	Rotterdam
451	Michele	N. Milaiti	—44	A. Demosten et Capitain.	Syra
452	Milziade	G. Manzavino	—43	G. Inglesi	Céphalonien
453	Minerva	E. M. Deswelgh	—44	F. D. Rudder	Brügge
454	Minerva	A. Salva.	—46	A. Vives et Comp.	Majorque

Numéros d'ordre	NOMS		Années du doublage	NOMS	PORTS
	DES NAVIRES.	DES CAPITAINES.		DES ARMATEURS.	D'ARMEMENT.
455	Minerve	J. O. Travaillot	1846	Capitaine et Comp.	Havre
456	Mirabeau	P. F. Leguenego	—45	Leboyer	Nantes
457	Modéré	Dollot	—40	L. Marie	Binic
458	Monfavier	Le Camus	—45	Langlois père et fils	Granville
459	Monnikendam	J. F. Kros	—40	J. G. Boerlage et Comp.	Monnikendam
460	Mont Liban	Campiaggio	—46	Mimorala	Marseille
461	Monteponi	J. B. Luppi	—46	Acquarone et Comp.	Gênes
462	Meridiano	Nicolovich	—46	M. et V. Radich	Trieste
463	Nanine	J. Texier	—47	J. Roubeau	Havre
464	Nautonnier	E. F. Titus	—46	Veuve Guibert et fils	Saint-Servan
465	Navigateur	Rehoul	—44	Estournel	Toulon
466	Neel	A. Lemuet	—44	Leclerc	Granville
467	Nelson	J. Papandrea		Capitaine	Hydra
468	Neptune	Cassa	—33	Capitaine	Malte
469	Neptune	Delamusse	—47	Lemengnonet frères	Granville
470	Neptune	J. M. Ledepensier	—41	J. B. Toury	Saint-Malo
471	Neptunus	C. Krohn	—46	D. Hagermans Enke	Christiansand
472	Noddi	A. Gaston	—40	Hignard frères	Nantes
473	Noemi	Bardou	—45	Jamet et Comp.	Nantes

474	Nordkap	P. Brun	1840	Nicolaysen et Comp.	Bergen
475	Normand	J. Meniger	—47	Julienne et Villars fils	Granville
476	Norna	B. Biroché jeune	—45	Capitaine	Marseille
477	Nra. Sra. del Carmine	G. Vassallo	—42	P. Carboue	Gênes
478	Nouveau Précurseur	Gavoty	—43	Capitaine	Toulon
479	Nouvel Auguste	Lemaitre	—46	J. et A. Duhautcilly	Saint-Malo
480	Nouvelle Espérance	Portal fils	—41	Pichaud	Marseille
481	Numa	M. P. Castros	—43	Girodroux et Bosquet	Saint-Servan
482	Nymphe	J. Jourdan	—47	J. J. Despeaux	Bayonne
483	Niva	G. Demestini	—45	Capitaire	Syra
484	Olive	J. Bernard	—41	Amanieu	Bordeaux
485	Olivier	Lecaudey	—46	J. Constantin	Nantes
486	Olympe	F. W. Dansos	—47	H. Sempe et Comp.	Bordeaux
487	Oméga	J. C. Doynel	—43	J. M. Deshays	Saint-Malo
488	Omoniasmeni Adelphi	N. G. Papa	—46	Capitaine	Syra
489	Oreto	F. Zanco	—39	Rizzo	Palerme
490	Oreinte	E. Barrachino fils	—44	Barachino père	Spezzia
491	Orione	G. Lucovich	—45	F. Lucovich	Venise
492	Paket	L. Zarb	—43	C. Rougela et fils	Malte
493	Palma	Coda		M. Coda	Livourne
494	Panchitta	S. Alba	—36	A. Geaguina	Havane
495	Paolo	F. V. Ghezzo	—41	P. Scarpa	Fiume
496	Papillow	Scribanis	—46	Regis frères	Marseille
497	Paquebot de Rio	A. Richard	—45	Coquebert et Bourcard	Nantes
498	Paraclet	G. J. Recluz	—46	Capitaine et Comp.	La Seyne

Numéros d'ordre	NOMS		Années du doublage	NOMS DES ARMATEURS.	PORTS D'ARMEMENT.
	DES NAVIRES.	DES CAPITAINES.			
499	Paraguay.	Leroux.	1847	Langlois père et fils	Granville
500	Paramaribo.	J. F. Topper.	—43	J. J. Poncelet et fils	Amsterdam
501	Parana.	Labbé.	—46	Rahier et Ch. Gautier	Saint-Malo
502	Parténope	P. Diego.		Teisseiro.	Malte
503	Passager.	Hamel.	—47	Beautemp et Lecoupé	Granville
504	Paziente	G. L. Capitich.	—41	G. N. Minerbi.	Trieste
505	Pensée.	A. Avice.	—42	E. Toché et Nogues	Nantes
506	Père des Braves	C. Allain.	—43	Henri et Martin	Rouen
507	Pérignon.	J. P. Coulbeau.	—46	Garnier K. Uault.	Saint-Malo
508	Perle.	Boyer	—44	J. Chichizola aîné	Marseille
509	Perle.	P. Teissière	—47	J. Beaux.	Marseille
510	Perle d'Orient	C. Allemand.	—45	Portal et Comp.	Marseille
511	Persévérant	Savary.	—43	Langlois père et fils	Granville
512	Persévérant	F. Trébuchet	—46	Souchet frères.	Saint-Martin
513	Petite Anna	Esnol	—46	Beautemps et Lecoupé.	Granville
514	Phénix.	J. P. Fruchard	—45	Prudhomme.	La Mailleraye
515	Piccolo Oscar.	G. Nenada.	—38	C. Minerbi.	Trieste
516	Pierre Amélie	Daigremont fils	—46	Daigremont père.	Granville
517	Pigeon.	J. F. V. Demaire fils.	—46	L. Falcon	Anvers

No.	Navire	Capitaine	Année	Armateur	Port
518	Polaris.	J. G. Kunst	1845	J. Hudig.	Rotterdam
519	Ponentais	J. L. Lebreton.	—45	L. Marie.	Binic
520	Pourvoyeur	J. Bateman	—45	A. de Baecker et Comp.	Dunkerque
521	Précurseur.	J. Roux	—46	Capitaine	Marseille
522	Principe Corsini	Zecchinelli.	—42	Capitaine	Livourne
523	Principe Creditario	Vianello	—40	Matcovich	Venise
524	Printemps	P. J. Touchet	—47	J. M. Deshays	Saint-Malo
525	Progrès	M. Hamel	—45	Veuve Fougeray	Granville
526	Provence.	Bigne	—44	Isnard et Maubert	Cannes
527	Providence.	D'Almeida-Foyer	—45	De Gouyon Beaufort.	Saint-Servan
528	Providence.	Jagoret.	—45	Heust et Riotteau	Granville
529	Providence.	Messier	—42	G. Borelly.	Marseille
530	Pytheas	J. Guise	—46	Capitaine et Comp.	Marseille
531	Paket de Charleston	Labrunière	—47	Foussat frères	Bordeaux
532	Quatre Frères	Antoni.	—44	Suquet frères	Toulon
533	Quos Ego.	C. Stevenaux	—45	L. Léperlière	Nantes
534	Railleur	Labado	—45	Vignes et fils.	Havre
535	Ramier.	Huet.	—42	Magnon Nieuville	Saint-Malo
536	Rance	R. Rosse.	—46	Thomas et Duclesieux	Saint-Malo
537	Regina.	Reynolds.	—47	Dawson et Comp. [Gordon	Cork
538	Reine Blanche	Gagengel.	—47	Lecoupé, Chalomon et	Granville
539	Reine des Anges	Gondelin.	—44	Bazin de Jessey	Dinant
540	Relampago.	J. Santi	—44	P. Morant et frères.	Denia
541	Rio.	Touchet	—45	J. M. Desheis	Saint-Malo
542	Robuste	Martin.	—47	Pastré frères.	Marseille

| Numéros d'ordre | NOMS | | Années du doublage | NOMS | PORTS |
	DES NAVIRES.	DES CAPITAINES.		DES ARMATEURS.	D'ARMEMENT.
543	Robusto	G. Pozzo	1845	M. Picasso	Gênes
544	Roger Bontemps	Tanqueray	—41	Gariot et Capitaine	Saint-Servan
545	Rollon	J. Lecomte	—45	Maduas et Lavalette	Rouen
546	Romano	Chauvelon	—46	T. Dubigeon	Nantes
547	Rose-Adélaïde	Plautard	—44	Capitaine	Nantes
548	Rose-Amélie	Grosos	—45	Chaillis	Havre
549	Rouennais	J. B. Bigot	—45	Courchets	Havre
550	Rubicon	J. M. Racine	—47	L. Hovius	Saint-Malo
551	Saint-Esprit		—47	Magnon Nieuville	Saint-Malo
552	Saint-François-Xavier	M. L. Macé	—45	Bazin de Jessey	Dinant
553	Saint-Giuseppe	A. Calvo	—45	Rocca frères	Gênes
554	Saint-José	J. Bosch	—44	J. Bernich et Comp.	Saint-Felieu
555	Saint-Joseph	J. Robert	—47	Delastelle	Saint-Malo
556	Saint-Laurent	Bannier	—45	Aubert et Comp.	Marseille
557	Saint-Louis	A. Desjars	—47	J. B. Boullé	Saint-Brieux
558	Saint-Louis	Godon	—47	Campion et Théroulde	Granville
559	Saint-Louis	F. Menès	—44	J. M. Corbelle	Binic
560	Saint-Michele	G. Vidovich	—43	Z. Zaccaroff	Taganrok
561	Saint-Pasquale	D. Fascio	—44	Fabbri frères	Livourne

562	Saint-Raffaelo	G. Tarchione	1842	G. Onetto	Gênes
563	Saint-Yago.	Martin.	—45	J. Martinez	Villa-Joyosa
564	Salvatore.	F. Caffiero.		S. Di Pace.	Palerme
565	Salvatore.	S. Greco.	—45	G. Greco.	Syracuse
566	Sans-Souci.	Mollien	—38	P. Fontan	Saint-Malo
567	Sara	E. T. Hollander.	—46	H. Olck	Emden
568	Saturne	Mallandrin.	—44	Fréret frères.	Fécamp
569	Sauveur	S. Boué	—44	Boué et Louyer Villermé.	Saint-Malo
570	Sept Frères.	Camard	—45	Ruellan père.	Portrieux
571	Sévère	Lesnard.	—46	A. Magou Vieuville	Saint-Malo
572	Sidonie.	J. F. Samson	—43	Tranchemer.	Saint-Malo
573	Sieke-Van-Der-Vest	R. W. Lukens.	—44	J. G. Heeres.	P. kela
574	Silence.	A. Niquet	—43	Le Mengnonnet frères.	Granville
575	Sirius	Laugier.	—46	H. Chambon.	Marseille
576	Six Frères	Hommery	—42	De Gouyon Beaufort.	Saint-Servan
577	Slano.	Covovich.	—40	Capitaine	Raguse
578	Smragda.	F. Salata.	—46	P. Railli.	Syra
579	Soleil d'Austerlitz	J. M. Berenguier	—46	Condamin	Marseille
580	Soleil Levant.	E. Lavau.	—46	Esnard jeune	Bordeaux
581	Solide	J. B. Azibert	—45	Capitaine	La Nouvelle
582	Solide	L. M. Rehours.	—45	J. Fichet Desgraves	Binic
583	Sophie.	P. Poineau	—46	Lemoine.	Saint-Malo
584	Sophie.	J. F. Fraiche	—43	J. Michel	Saint-Malo
585	Souvenir.	Bougot.	—41	P. Fontan	Saint-Malo
586	Spéculateur	J. Landier.	—39	Buot et Comp.	La Richardais

Numéros d'ordre	NOMS DES NAVIRES.	DES CAPITAINES.	Années du doublage	NOMS DES ARMATEURS.	PORTS D'ARMEMENT.
587	Stamboul	J. Janus	1842	Homsy frères	Marseille
588	Stella Diana	B. Nicolich	—40	A. Nicolich	Trieste
589	Stéphani et Gabriel	A. Faure	—45	Fabri	Marseille
590	Sylphe	P. E. Pollet	—46	Veuve A. Govard	Dunkerque
591	T. D.	C. A. Bouteillier	—47	T. Dubigeon	Nantes
592	Tancrède	J. Puijibet	—41	C. M. Lehodey	Havre
593	Tartaro	L. Diambrosi	—44	Capitaine et Comp.	Gênes
594	Telemaco	J. Choupa	—47	Capitaine et Comp.	Spezzia
595	Teniah	A. Allain	—47	L. et J. Chantrelle	Nantes
596	Terre de Feu	Demenrisse	—44	Collet Taverne	Dunkerque
597	Terreneuvier	J. M. Allenou neveu	—46	L. Allenou	Saint-Brieux
598	Terry	T. Cannel	—44	Bell et Comp.	Maryport
599	Thalie	Lepesquière	—46	Rahier et Ch. Gautier	Saint-Malo
600	Thémistocle	F. F. Rouet	—39	Capitaine	Nantes
601	Théodore	Follange	—43	J. M. Deshais	Saint-Malo
602	Théophile	G. Dimacco	—42	Dimacco et Comp.	Marseille
603	Tombasi	F. Sattira	—46	Capitaine	Hydra
604	Tordenskjold	S. Aassuldsen	—46	H. A. Helland	Bergen
605	Tour de Gruissan	A. Journes	—40	Capitaine	Gruissan

606	Tourterelle.	J. Lebesque	1845	Raiffort père.	Nantes
607	Travail.	J. Rosé.	—47	Garnier K. Uault	Saint-Malo
608	Trekrohner	C. Glatwed.	—44	Petersens Enke	Grimstad
609	Tres Permanos.	J. Pasqual.	—45	J. Ramon	Yvice
610	Triton	Touton.	—43	D. Huagon et fils	Bilbao
611	Trois Frères	P. Hervé.	—47	Veuve Doisnel.	Granville
612	Trois Frères	Orveillon.	—46	Thomazeau père	Saint-Malo
613	Tropicus.	H. Popken.	—47	Hudig et fils.	Rotterdam
614	Turenne.	A. Remes	—40	Acquarone.	Marseille
615	Tva Broder.	M. Johansson	—39	Capitaine	Fisckebackskil
616	Tweelingen	W. Schep	—45	S. W. Visser.	Lemmer
617	Typhis.	E. David.	—45	B. Liancour	Nantes
618	Unge Svane	N. F. Wulff..		H. A. Claussen	Copenhague
619	Union	Miorsec	—46	L. Marie.	Binic
620	Union	D. Leperu	—47	J. M. Deshais	Saint-Malo
621	Urania	Comminga.	—46	Visser et Vande Sande.	Dordtrecht
622	Urania	C. Aubert	—45	Veuve Ledart	Granville
623	Ursin.	J. Orléans	—47	Duménil Leblé.	Havre [négal
624	Utile.	Lescures.	—44	J. Manrel et Comp.	S.-Louis du Sé-
625	Véloce	Negovetich.	—42	G. Minerbi.	Trieste
626	Venilia.	H. Meppelder	—46	G. Mauritz et Comp.	Dordtrecht
627	Véronique	A. Merle.	—46	J. Bedouin.	Marseille
628	Vétéran	L. E. Perraud.	—44	U. Sellier	Nantes
629	Vianese	T. D. Gelcich	—40	F. Gelcich	Trieste
630	Vicenta.	Alsina	—40	Capitaine	Mataro

Numéros d'ordre	NOMS		Années du doublage	NOMS	PORTS
	DES NAVIRES.	DES CAPITAINES.		DES ARMATEURS.	D'ARMEMENT.
631	Victoire-Lise	R. Rousseau	1847	Bepaud. . . . [de l'aîné	La Guadeloupe
632	Victoria	Fiquet	—46	Comolet frères et les fils	Cette
633	Victorieux	F. Bertrand	—45	Beyssac et Gautier Mena–	Bordeaux
634	Victorine	F. Labadeau	—47	C. Salvy . . . . . . [ger	Bordeaux
635	Victorine	Prader-Niquet	—41	J. Rolot, P. Belet et A.	Nantes
636	Vier Gerbroeders	J. J. Mets	—42	A. S. Tromp	Woudsend
637	Vigean	Rossi	—43	Dervieux	Marseille
638	Vigie	Herbert-Closneuf	—45	Capitaine	Saint-Malo
639	Vigilant	Dumaugonard	—47	Allenou	Binic
640	Vigilant	N. Maillard	—45	L. Marie	Binic
641	Vigilante	F. Santi	—44	Morant	Barcelone
642	Vigilante	S. Abela	—42	A. Cassar	Malte
643	Ville d'Alger	P. Peyronnet	—45	Capitaine et Comp.	Cette
644	Ville de Bayonne	Berindoagne	—47	C. Detroyat et Comp.	Bayonne
645	Ville de Morlaix	Avril	—47	Lemuet et Garnier	Granville
646	Ville de Saint-Servan	Gouin		Veuve Guibert et fils.	Saint-Servan
647	Virgen del Carmen	J. Boussilion	—42	Rouré	Barcelone
648	Virgen del Carmen	Molinas	—41	Capitaine	Palamos
649	Virgen del Carmen	J. Pratz	—42	Capitaine	Palamos

650	Virginie	Lucbert	1844	Masurier jeune et ses fils.	Havre
651	Voyageuse	H. J. Gelly	—44	L. Raispail.	Marseille
652	Vrienden.	T. M. Gnode.	—43	K. Brantjes	Purmerend
653	Vrouw Johanna	Vaudermeyden	—43	T. Van Holst.	Delftshaven
654	Vrouw Maartje.	Poldewaart	—44	S. Van Gyn et fils	Vlaardingen
655	Waltham.	Bardon	—40	J. C. Rhodes.	Providence
656	West-Indie.	Lieuwen.	—45	Fraissinet et Van Baak.	Amsterdam
657	Willem Jan	Oxerluysen.	—43	Beth et Comp.	Vlaardingen
658	Y.	J. B. Gondonin	—45	Leblond	Rouen
659	Yoloff	J. Mourut	—43	Dromet.	Marseille
660	Zénith	D. Labatue.	—42	F. Gimié.	La Seyne
661	Zénith	M. Moyon	—40	Le Merle.	Nantes
662	Zéphyr.	E. Juge	—40	Capitaine	Cette
663	Zéphyr.	Lechartier	—45	Veuve Doinel	Granville
664	Zodiae	C. Popken.	—43	J. Hudig.	Rotterdam
665	Zouaves	A. Martin		Hignard frères et Comp.	Nantes
666	De Jonge Walraven	L. C. de Vries	—48	Boissevain et Comp.	Amsterdam
667	Harlingen	R. L. Schaap	—48	B. Visser et fils.	Harlingen
668	Valerius Lodewyk	F. G. Hinlopen.	—48	Capitaine	Amsterdam
669	Alida Elisabeth.	D. C. Schnur	—48	Capitaine	Amsterdam
670	Jeantine	J. H. Remken	—48	J. F. Viétor . . . . [Comp.	Winschoten
671	Dolphyn	E. E. Visser	—48	G. Schimmelpenning et	Deventer
672	Hillegonda Ida.	A. Hendriks	—48	C. Van de Stadt	Amsterdam
673	Drie Gebroeders	H. J. Hubert.	—48	E. Smit	Koog am Zaam
674	Vriesland	J. C. Van der Veer.	—48	B. Visser et fils	Harlingen

Numéros d'ordre	NOMS		Années du doublage	NOMS	PORTS
	DES NAVIRES.	DES CAPITAINES.		DES ARMATEURS.	D'ARMEMENT.
675	De Goede Vrede	J. H. Witt	1848	J. et Th. Van Marselis	Amsterdam
676	Ida Cornelia	W. F. Schenk	—48	Kranenberg et fils	Amsterdam
677	Hunderen	K. Ouwehaud	—48	Keckhoven et Continke.	Amsterdam
678	Balticus	Schwarting	—48	H. F. Ulrichs	Bremen
679	Gesina	Deetjen	—48	G. Duckwitz	Bremen
680	Josua.	Ponsilius.	—48	A. Tobias et Comp.	Brake
681	Wilhelmine	Schaffer	—48	G. Duckwitz	Bremen
682	Gezina Wilhelmina	A. R. Dockman	—47	Jer. Meyjes et fils	Amsterdam
683	Goede Verwachting	Scherphier.	—49	Capitaine	Amsterdam
684	Héloïse.		—49	Ve Jourdan et fils aîné	Granville
685	Catharina	E. H. Dick.	—49	Capitaine	Amsterdam

NAVIRES ANGLAIS.

Nos d'ordre	NOMS DES NAVIRES.	DES CAPITAINES.	Années du doubl.	NOMS DES ARMATEURS.	PORTS D'ARMEMENT.
1	Fanny	Helegoworth.	1848	Bright.	Newcastle
2	Thomas et Joseph	G. Bird	—48	A. et J. Wright	North Shields
3	Matthew Plummer	James Lourne	—48	Plummer et Comp.	Newcastle
4	Earl of Newbnrgh.	Davidson.	—48	Rowntree	North Shields
5	Joseph Anderson.	C. Parker	—49	Tweddell	South Shields
6	Charleston	H. Alexander	—49	J. Cook	Aberdeen
7	Isabella Mustin.	H. Alexander	—49	Thompson et Lee	South Shields
8	North Britain	J. Smith.	—49	Allen	Newcastle
9	Horn.	C. Parker	—49	Tweddell	South Shields
10	Victoria	John Pearson	—49	Thompson et Lee	South Shields
11	Albion	Leslie	—49	Alexandre Cooper	Aberdeen
12	Peels one.		—49		Hull
13	Eros		—49		Hull
14	John Bull	Carwithen.	—49	More.	Plymouth
15	James	Symens	—49	Wilson.	Plymouth
16	Davenport	Kenzic.	—49	Capitaine et Comp.	Plymouth
17	Antonis.	Hendricks	—49	Van de Stadt.	Plymouth
18	Britannia.	Harris	—49	Pinder.	Plymouth
19	Nestor	Butcher	—49	Capitaine et Comp.	Plymouth

Numéros d'ordre	NOMS		Années du doublage	NOMS	PORTS
	DES NAVIRES.	DES CAPITAINES.		DES ARMATEURS.	D'ARMEMENT.
20	Kapstad	Van Hall	1849	Muysken	Plymouth
21	One et All	Barret	Depuis octobre 1848 jusqu'à février 1849.	Stix et Comp.	Plymouth
22	Messenger				Newcastle
23	Arion				Newcastle
24	Agnès et Sophie	W. Jenken		Capitain et Comp.	Pad-ton
25	Ellen Jane	J. Horsewel		R. J. Rediweel	Padston
26	Entreprise	Shapter		W. Walters	Swansea
27	Highland Lat	Lloyd		R. J. Retweet	Bristol
28	Diamant	Jenkins		Hugher et Comp.	Newport
29	Mosselle	Shearer		R. J. Brême	Liverpool
30	Teaser	Wauwrigt		Wauwright	Liverpool
31	Dove	Lauson		R. Hutchison	Liverpool
32	Stame	Id.		Koetger et son fils	Dwerick
33	Bolton				
34	Stame	Chlolvitch		Chlolvitch	Liverpool
35	Nautilus	Knigt		Rodwen	Padtson
36	Villiers	Id.		Rodwen	Liverpool
37	Kent	Evans		Crawford	Newcastle
38	Orion			Saul	Liverpool

CHAPITRE XVII.

COUVERTURES EN ZINC.

Emploi du zinc pour couvertures, etc. — Opinions et certificats constatant le bon emploi du zinc pour couvertures. — Le zinc n'offre aucun danger pour le cas d'incendie. — Certificat et attestation constatant que le zinc n'offre aucun danger pour le cas d'incendie. — Note de quelques couvertures en zinc que l'on peut visiter à Paris et dans les départements. — Liste de quelques maisons couvertes en zinc que l'on peut visiter à Paris.

Attestations et certificats sur le bon emploi du zinc pour couvertures, etc.

Monsieur,

Voici ce que j'ai à vous dire en réponse à la lettre que vous m'avez adressée.

Mon opinion sur la durée du zinc en feuilles, employé comme couverture, vous est favorable, mais à cette condition que les feuilles doivent avoir assez d'épaisseur pour que, lors du laminage, les ordures et les portions oxydées qui salissent les deux grandes surfaces de la feuille ne viennent pas à se toucher, ou à trop s'approcher vers son centre, après la dernière passe au laminage ; en effet, dans cet état, le métal est pur et homogène au-dessous de ses surfaces, et n'est sali ou oxydé qu'à la superficie. Quant à l'enduit grisâtre qui se forme à la longue à la surface des feuilles de zinc exposées à l'air, je regarde comme exact tout ce qu'en a dit Berzélius ; et je pense que c'est à la dureté et à l'insolubilité de cette espèce de patine qu'il faut attribuer la durée des feuilles de zinc exposées à l'air. Je crois qu'il se passe ici ce qui est arrivé au bronze antique : la patine qui se forme à la surface, et qui prend beaucoup de densité, garantit bientôt le reste du métal de toute oxydation ultérieure ; mais, je le répète, pour que cette propriété devienne utile en pratique, il faut que les feuilles de zinc soient assez épaisses pour qu'entre les deux couches oxydées il reste une épaisseur suffisante de métal pur.

Agréez, etc.

Signé : DARCET, membre de l'Institut.

Je soussigné certifie qu'il est à ma connaissance qu'il existe dans la maison de M. Mosselman, rue de la Chaussée-d'Antin, n° 7, un bâtiment couvert en zinc depuis plus de vingt-cinq ans, et que la couverture, après s'être enduite d'une légère couche d'oxyde grisâtre, s'est maintenue en parfait état jusqu'à ce jour, sans que l'oxydation superficielle ait fait aucun progrès. D'après ce fait, et d'après ce qui a été observé sur les grands bâtiments couverts en zinc qui existent en divers lieux, il y a tout lieu

de penser que l'oxydation qui se forme promptement à la surface du zinc par le contact de l'air
humide doit avoir pour effet de conserver le métal
pendant un très long temps.

Paris, le 20 juillet 1836.

Signé : P. Berthier,
professeur de chimie à l'École royale des Mines,
membre de l'Académie des Sciences.

Le bourgmestre et les échevins de la ville de
Bruxelles, pour déférer à la demande qui leur est
faite au nom de M. François-Dominique Mosselman,
et rendre en même temps hommage à la vérité, dé-
clarent que le Grand Théâtre royal de Bruxelles a
été, en 1820, couvert en feuilles de zinc provenant
de la fabrique dudit sieur Mosselman et placées par
ses soins; que ce genre de couverture a parfaitement rempli son objet, puisque depuis ladite époque il n'y a point eu de réparations à y faire
qu'une seule très insignifiante, occasionnée par un
cas fortuit; que, d'après une inspection nouvellement faite, il a été reconnu que cette couverture est
encore en très bon état, et ne présente aucune
trace de défectuosité ou de depérissement; qu'enfin
l'expérience semble ainsi démontrer que de toutes
les matières employées jusqu'ores à la couverture
des bâtiments à Bruxelles, le zinc paraît le plus
convenable, comme offrant deux avantages rarement réunis : *économie et solidité.*

14.

En foi de quoi nous avons délivré le présent certificat, pour servir et valoir là où il appartiendra.

Fait à l'hôtel de ville de Bruxelles, le 16 août 1836.

Le bourgmestre,
Dupuis.

Par ordonnance,
    Pour le secrétaire,
        Le chef du secrétariat, délégué,
           E. Kockaert.

Nous préfet du département de la Manche, certifions qu'en 1822 M. F.-D. Mosselman a couvert en zinc la maison d'arrêt de Saint-Lô; que, depuis cette époque, on n'a point monté sur cette couverture; que le département a adopté le même système pour la prison de Cherbourg; que l'on n'aperçoit aucun signe de détérioration sur ces couvertures, et notamment sur celle de Saint-Lô plus anciennement exécutée, et que rien n'annonce qu'on ait de longtemps des réparations à y faire.

Saint-Lô, le 27 mars 1828.

    D'Estourmel, préfet de la Manche.

Je soussigné, architecte en chef des bâtiments civils dépendant du ministère de l'intérieur à Paris, certifie que j'ai fait depuis longtemps l'emploi du zinc provenant des usines de M. Mosselman dans un très grand nombre de travaux publics et particuliers, et notamment au Muséum d'Histoire naturelle, où la couverture de la galerie de minéralogie et de géologie, d'une surface d'environ 3,000 mètres, a été faite avec le plus grand succès au moyen de tuiles en zinc de petites dimensions et cannelées.

Je pense que de toutes les matières employées à la couverture des bâtiments, le zinc est la plus convenable, parce qu'il offre deux avantages qui sont rarement réunis : économie et solidité.

Paris, ce 28 mai 1836.

Ch. Rohault,
architecte en chef des bâtiments civils.

Je soussigné, Lacornée (Jacques), architecte, certifie que j'ai employé le zinc provenant des usines de M. Mosselman dans divers travaux publics et particuliers, et notamment l'hôtel du quai d'Orsay, où la couverture, d'une surface d'environ 6,000 mètres, a été faite avec un grand succès au moyen de grandes feuilles de zinc.

Je pense que de toutes les matières employées à la couverture des bâtiments, le zinc est la plus convenable, parce qu'il offre deux avantages qui sont rarement réunis : économie et solidité.

Paris, le 6 juillet 1836.

J. Lacornée, architecte.

Je soussigné certifie avoir employé depuis long-temps le zinc pour couverture, et même pour terrasse, et en avoir éprouvé une complète satisfaction, en prenant toutes les précautions que l'expérience a successivement suggérées.

Paris, le 26 mai 1849.

HUVÉ,
architecte, membre de l'Institut.

Le soussigné, architecte du gouvernement, considère le zinc comme remplissant dans les travaux de bâtiment une fonction capitale, et comme ne pouvant être suppléé avantageusement, au moins quant à présent, par aucun autre métal, en ce qu'il satisfait, lorsqu'il est bien employé, aux conditions essentielles de l'économie et de la solidité.

Paris, 1er mai 1849.

Signé : BALTARD,
architecte du gouvernement.

Je soussigné certifie que l'emploi du zinc dans les constructions publiques ou particulières dont j'ai été chargé a toujours donné les résultats les plus satisfaisants.

Comme couverture, s'il est plus cher que la tuile ou l'ardoise, il a sur ces matériaux l'avantage d'exiger moins de réparations; il permet d'ailleurs de se servir de bois moins considérable. Comme terrasse, il est beaucoup moins cher que le plomb; et, grâce à l'habileté avec laquelle on l'emploie maintenant, on n'a plus à craindre les effets des variations de l'atmosphère.

Je considère donc l'emploi de ce métal comme avantageux sous le rapport de la solidité et de l'économie bien entendue.

Paris, le 20 mai 1849.

LENORMAND,
architecte des travaux publics.

Je soussigné, architecte des compagnies des chemins de fer de Paris à Saint-Germain et Versailles (rive droite), déclare que presque tous les bâtiments et gares exécutés, tant à Paris qu'à Saint-Germain, Saint-Cloud et Versailles depuis l'année 1837, ont été couverts en zinc, et que cette couverture a offert de très grands avantages sur la tuile ou l'ardoise.

Paris, ce 12 mai 1849.

Signé : G. CRÉTIN,
architecte des compagnies des chemins de fer.

Je soussigné, architecte du gouvernement, chargé de la première et de la deuxième section du chemin de fer de Paris à Strasbourg, déclare avoir employé pour la couverture des bâtiments de la gare de Paris du zinc de la Vieille-Montagne, et que je regarde cette couverture comme très solide, quand elle est bien employée. En foi de quoi, sur la demande de M. le directeur de ladite compagnie, j'ai délivré le présent certificat.

Paris, 28 avril 1849.

Signé : DUQUESNEY,
architecte du gouvernement.

Je soussigné, architecte en chef des hospices, certifie que depuis plusieurs années j'emploie, dans la couverture des bâtiments dont je dirige la construction, le zinc dit de la Vieille-Montagne, et que cette couverture, lorsqu'elle est bien exécutée, me paraît préférable à toute autre autant sous le rapport de la solidité que sous celui de la durée. En foi de quoi j'ai délivré à M. le directeur de cette compagnie le présent certificat.

Paris, 22 avril 1849.

Signé : GAUTHIER,
architecte en chef des hospices.

Je soussigné, architecte en chef du chemin de fer de Paris à Lyon, certifie que partout où j'ai employé la couverture en zinc dans les constructions du chemin d'Orléans, dont j'ai été l'architecte, et dans celles du chemin de Lyon, j'ai trouvé l'emploi de ce métal préférable à tous les modes de couvertures employés jusqu'à présent, et que, bien employé, il est d'une longue durée, sans être assujetti à aucune réparation notable.

Paris, le 25 avril 1849.

A. CENDRIER,
architecte en chef du chemin de fer
de Paris à Lyon.

Je soussigné, architecte du ministère de la marine, déclare avoir employé le zinc pour couverture avec beaucoup de succès (pourvu toutefois qu'il soit bien employé), notamment au ministère de la marine, dont la couverture est faite depuis plusieurs années, et tout récemment au dépôt des cartes et plans de la marine, dont la couverture a été exécutée d'une manière remarquable par M. Fontaine, ainsi que des terrasses d'une grande dimension avec chéneaux en zinc, qui présentent une grande économie sur les chéneaux en plomb.

Paris, ce 21 avril 1849.

LEFÈVRE,
architecte du ministère de la marine.

Attestations et certificats constatant que le zinc n'offre aucun danger pour le cas d'incendie.

Je certifie qu'ayant été appelé à faire une expérience sur la combustion du zinc employé comme converture, et cela par suite des dires qui avaient couru quelque temps après l'incendie des magasins de Bercy, j'ai, conjointement avec M. le baron Cagniart-Latour, et devant l'un de MM. les préfets de Paris, fait mettre le feu à une barraque en bois recouverte en zinc, laquelle avait été remplie de fagots, afin de produire une grande chaleur; et, ainsi que le prouve le procès-verbal dressé à l'époque de l'expérience, je n'ai rien remarqué qui pût être plus nuisible, en cas d'incendie, que si la couverture eût été faite de tout autre métal.

En conséquence, je joins volontiers mon avis à ceux de MM. Darcet, Berthier et autres, qui ont examiné le zinc sous d'autres points de vue, et qui lui ont trouvé les qualités nécessaires pour être employé dans les bâtiments.

Paris, le 15 novembre 1836.

Signé : baron PLAZANET,
ancien colonel des sapeurs-pompiers de la ville de Paris, de 1813 à 1830.

Je dois vous dire que, nommé en 1820 d'une commission par M. de Chabrol, qui la présidait, j'examinai si les couvertures en zinc avaient quelques inconvénients sous le rapport de l'incendie. Nous avons fait une expérience avec soin, et elle nous a laissés convaincus que le zinc n'a pas plus d'inconvénients sous ce rapport que le plomb, et que même, sa fusion *nécessitant plus de chaleur,* il en a un peu moins.

Quelques personnes avaient prétendu avoir remarqué que, dans un incendie arrivé à Bercy en 1820, le zinc employé en couverture sur un bâtiment avait donné de l'activité au feu. Je n'ai rien remarqué de semblable, quoique je fusse moi-même présent à cet incendie, et j'ai fait dans le temps une enquête qui m'a à peu près démontré que cette assertion n'était pas fondée.

Si donc, examen fait de l'emploi du zinc en couverture sous tous les autres rapports, il ne vous restait que des scrupules en cas d'incendie, vous pourriez hardiment passer outre et en toute sûreté.

Paris, ce 31 juillet 1832.

Signé : baron DE PLAZANET.

Nous soussignés propriétaires, domiciliés à la Basse-Terre,

Certifions et attestons ce qui suit :

L'incendie du 26 août 1844, qui dévora quarante-deux maisons, les plus belles de la ville de la Basse-Terre, n'a eu des suites aussi désastreuses qu'à cause du système vicieux de couvertures qui est adopté en général dans la colonie.

L'on conçoit, en effet, que des couvertures faites avec du bois du Nord, de sa nature très résineux, se soient embrasées au contact du moindre charbon, surtout dans une journée excessivement chaude, et dans une saison où le soleil a une si grande force.

Le malheur n'a donc été aussi grand que par le vice du mode de couverture; en effet, deux maisons, qui étaient à une très petite distance des divers foyers (8 à 9 mètres), ont été épargnées parce qu'elles étaient couvertes en zinc : ce sont les maisons Raulin et Tandou.

Il y a mieux, et le fait suivant est remarquable :

Après avoir dévoré une longue ligne de maisons, le feu s'est communiqué à un chantier à bois auquel était contiguë une maison à étage ; cette propriété, couverte en zinc, a été miraculeusement conservée ; cependant toutes celles qui venaient après elles, sur la même ligne, ont été dévorées aussi bien que les propriétés situées sur l'autre côté de la rue, qui, dans cet endroit, a plus de quinze mètres de largeur.

Il est donc évident que c'est à leur couverture en zinc que les trois maisons dont nous venons de parler doivent leur conservation.

Fait et délivré à telle fin que de droit.

Basse-Terre, le 1er avril 1846.

Et ont, les propriétaires ci-après, signé :

LE DENTU, TANDOU, S. PÉDEMONTE, E. PÉDEMONTE, CAYEN, A. LIGNIÈRES, MALLINEC, BOUGENOT, A. DE VILLENEUVE, TERTRAIS, COMON, LONGUETEAU, DEVILLE, ROULIN, E. LAFON, V. EGGIMANN, A. MOLLENTHIEL, J. PÉDEMONTE, S. CHARDON, ISNARDON, A. VATABLE, BONNET.

Nous Charles-Salomon Le Dentu, maire de la ville Basse-Terre (île Guadeloupe),

Certifions à tous ceux qu'il appartiendra que les

signatures ci-dessus et des autres parts sont celles
De MM.

> Émilio Pédemonte, conseiller privé
> honoraire ; Bonnet, Lignières,
> conseillers privés et conseillers
> coloniaux ; Le Dentu, conseiller
> colonial, avocat ; Payen, avocat,
> capitaine de pompiers ; Tandou,
> avocat-avoué ; de Villeneuve,
> avoué ; Mollenthiel, Hubert
> Besnard, notaires ; Sidney Péde-
> monte, Comon, Isnardon, Vata-
> ble, Chardon, Roulin, Charles
> Fougas, Peborde, négociants ;
> Bougenot, greffier ; Lafon, chi-
> rurgien ; Deville, pharmacien ;
> Mallenée, Tertrain, huissiers.

Tous les susnommés propriétaires en cette ville.
Et que foi doit être ajoutée auxdites signatures.

Basse-Terre (Guadeloupe), le vingt-six juin
mil huit cent quarante-six.

> Le Dentu.

Vu pour légalisation de la signature de M. Le
Dentu, maire de la Basse-Terre.

Basse-Terre, le 25 juin 1846.

> Le directeur de l'administration intérieure,
> Jules Billecocq.

Vu pour légalisation de la signature de M. Jules
Billecocq, directeur de l'administration intérieure.

Basse-Terre, le 25 juin 1846.

> Le gouverneur,
> LAYRLE.

Je soussigné certifie qu'à l'incendie qui s'est manifesté au bazar Bonne-Nouvelle, le 14 juillet 1849, ayant fait découvrir plusieurs parties de la toiture pour éteindre des pièces de bois qui étaient enflammées, j'ai eu lieu de remarquer que les lames de zinc, formant la couverture, malgré la chaleur intense du foyer de l'incendie, ne sont pas entrées en fusion; qu'elles ont été seulement fortement chauffées.

Je déclare, en outre, que, suivant mon avis, le zinc peut être employé dans les bâtiments pour la couverture, sans qu'il en résulte aucun danger d'incendie.

Paris, le 31 juillet 1849.

Le chef de bataillon, commandant le corps des sapeurs-pompiers de la ville de Paris,

Signé : TERCHOU.

Je soussigné, architecte du bazar Bonne-Nouvelle, certifie que dans le sinistre qui vient de frapper cet établissement, je n'ai rien observé qui pût faire supposer que la toiture en zinc ait pu contribuer à favoriser l'incendie.

J'ai même remarqué que deux petits combles très bas avaient reculé un commencement d'incendie; que des chevrons et des pièces de bois avaient été brûlés sans que le zinc qui les couvrait soit entré en fusion.

Paris, le 2 août 1849.

Signé : ED. LUSSY,
architecte et membre de la Société centrale.

Monsieur,

Sur votre demande, je m'empresse de déclarer que la partie de toiture en zinc qui couvre ma maison, boulevard Bonne-Nouvelle, n° 24, au coin de l'impasse des Filles-Dieu, n'a aucunement souffert de l'incendie du Bazar.

Agréez, etc.

Signé : BLANCHET,
avocat à la Cour d'appel, 12, rue Rougemont.

Sur votre demande, je me fais un plaisir de déclarer que, lors de l'incendie du bazar Bonne-Nouvelle, aucune partie de la toiture en zinc de ma maison n'a fondu, ainsi que l'annoncent quelques articles de journaux que vous m'avez communiqués, et que le tout est resté dans un parfait état de conservation.

Paris, le 7 août 1849.

Signé : POCHET DES ROCHES,
propriétaire, boulevard Bonne-Nouvelle, 26,
et impasse des Filles-Dieu, 3.

Note de quelques couvertures en zinc que l'on peut visiter à Paris et dans les départements.

PARIS. — Ministère de la marine.
Hôpital de la République.

Hôtel du Timbre.
Hôtel du Président de l'Assemblée nationale.
Palais de l'Assemblée nationale.
Nouveau ministère des affaires étrangères.
Dépôt des cartes et plans de la marine.
Salle des séances de l'Institut.
Palais du quai d'Orsay.
Palais des Beaux-Arts.
Palais de l'Exposition de 1849.
Mairie du XIe arrondissement, terrasses et chéneaux.

CHEMINS DE FER :

Nord, bâtiments de la station.
Rouen, bâtiments de la rue Saint-Lazare, hangar des locomotives.
Strasbourg, bâtiments de la station.
Lyon, bâtiments de la station.
Orléans, bâtiments de la station.
Tours à Bordeaux, bâtiments de la station.

ARLES. — Rotonde des locomotives.
BOULOGNE-SUR-MER. — Caserne.
    Gare du chemin de fer
    Bâtiment des bains.
NAPOLÉON-VENDÉE. — Deux-Chapelles.
BÉTHUNE. — Église du faubourg.
BRAY (Seine-et-Oise). — Laminoirs de la Vieille-Montagne.
BOURGES. — Casernes.
CHERBOURG. — Maison d'arrêt.
    Bâtiments de la garniture du port.
    Bâtiments des bains.
CAMBRAI. — Magasins à poudre.

Caen. — Casernes.
    Tribunal.
Calais. — Bâtiments de la gare du chemin de fer.
Chartres. — Gare du chemin de fer.
    Bâtiments d'octroi.
Chalons-sur-Saone. — Palais-de-Justice.
Chalons-sur-Marne. — Couverture à l'École des
      Arts-et-Métiers.
Granville. — Bâtiments des bains.
Le Havre. — Marché.
    Bourse.
La Rochelle. — Bâtiments des bains.
Limoges. — Manége de cavalerie.
Lyon. — Grand-Théâtre.
Le Mans. — Salle de spectacle.
Montpellier. — Palais-de-Justice. — Banque.
    Gare du chemin de fer.
Marseille. — Marché de la place de Rome.
    Pavillons du Marché aux fleurs.
    Gare du chemin de fer.
Moulins. — Théâtre.
Mulhouse. — Divers bâtiments au chemin de fer.
Nantes. — Palais-de-Justice.
Nismes. — Palais-de-Justice.
    Gare du chemin de fer.
Noailles. — Magasin à poudre.
Rennes. — Salle de spectacle.
    Halle aux poissons.
Rochefort. — Bâtiment des forges de la marine.
    Magasin militaire.
Rouen. — Bâtiments de la douane.
    Marchés.
Rocroy. — Casernes.

Riom. — Filature de M. Albert.
Saint-Lo. — Maison d'arrêt.
    Tribunal.
    Préfecture.
    Salle du conseil général.
Saumur. — Manége de cavalerie.
Sedan. — Halle.
Strasbourg. — Marché couvert.
Toulon. — Magasins militaires.
    5e cale du Mourillon.
Tours. — Gare du chemin de fer.
Troyes. — Grand-Marché.
Versailles. — Magasin à poudre.

En Belgique.

Bruxelles. — Grand-Théâtre.
    Bâtiments militaires.
    Magasins à poudre.
    Quartier Léopold (en partie).
Catelinau. — Moulin à vapeur.
Commereil. — Bâtiments de l'usine.
Liége. — Manufacture d'armes.
Angleur. — Usine de la Vieille-Montagne.
Moresnet. — Usine de la Vieille-Montagne.
Tilff. — Usine de la Vieille-Montagne.
Verviers. — Édifices publics.

En Hollande.

Amsterdam. — Cales des navires de guerre.
Rotterdam. — Cales des navires de guerre.
Flessingue. — Cales des navires de guerre.
    Arsenal.

En Prusse.

BERLIN. — Grand-Manége.
    Arsenal.
COLOGNE. — Hangars à l'Entrepôt.
    Monuments publics.
POTSDAM. — Monuments.

Liste de quelques maisons couvertes en zinc que l'on peut visiter à Paris.

1er ARRONDISSEMENT.

Quartier de la Madeleine.

Rue Tronchet, nos 1, 5, 9, 11.
    de Castellane, 4, 6, 12, 17.
    Chauveau-Lagarde, 6, 12.
    Neuve-des-Mathurins, 2, 30, 84, 95, 97.
    de la Ferme-des-Mathurins, 39, 41, 50, 52,
      54, 58.
    de l'Isly, 1, 2, 5, 6, 12.
    du Hàvre, 7, 9, 13, 15, 17.
    de l'Arcade, 4, 15, 16, 19, 27, 29, 31, 35, 37,
      39, 43.
    de Greffulhe, 1, 2, 4, 5, 6, 7, 8, 9.
    de la Madeleine, 33, 34, 64, 66, 68, 70,
      72, 74.
    Royale-Saint-Honoré, ministère de la Marine.
Boulevard de la Madeleine, 1, 3, 15, 17, 19,
    21, 27.

15.

Place de la Madeleine, 1, 3, 5, 6, 8, 10, 15, 33.
Le marché de la Madeleine.

Quartier de la place Vendôme.

Rue de la Paix, 22, 26.
    Basse-du-Rempart, 18, 20, 24, 36, 64.
    de Sèze, 4, 6.
Boulevard des Capucines, 1, 9, 11, 13.
Rue de Rivoli, 18.

Quartier de la Chaussée-d'Antin.

Rue Mogador, 1, 3, 5, 8, 10, 12, 16.
    de Clichy, 32, 38, 42, 49, 49 *bis*, 51, 55, 88.
    de Tivoli, 16, 27.
    de Londres, 50, 52, 55, 38.
    d'Amsterdam, 42, 44, 46, 70.
    de Milan, 15.
    Neuve-de-Clichy, 3, 5, 7.
    Vintimille, 5, 12, 12 *bis*.
    de Boulogne, 8, 28.
    Laffitte, 1, 2, 3.
    Neuve-de-la-Victoire, 1, 13.
    Chaussée-d'Antin, 1, 7.
    Saint-Lazare, 5, 68, 140.
    de Berlin, 3, 5.
    de Bruxelles, 2, 4, 6.
    de Calais, 3.
Chemin de fer, gare de Versailles et de Saint-
    Germain.
Chemin de fer, gare de Rouen et de l'Entrepôt
    général.
Rue de la Bienfaisance, 23 *bis*, 25, 27.

Quartier du Roule.

Rue du Rocher, 9.
    de la Borde, 7.
    de la Ville-l'Évêque, 26.
    d'Astorg, 2, 4, 6.
    de Ponthieu, 1, 9, 19, 23, 76, 81.
    de l'Oratoire, la cité Odiot.
    de Courcelles, 27, 29, 38.
    Miroménil, 19, 41.
    de la Pépinière, 43 *bis*, 45, 73, 75.
Place de la Borde, 4.
Avenue de Châteaubriand, 6, 10, 22, 24.
Rue Rousselet, 3, 17.
    Montaigne, 15, 17, 19, 28, 30.

Quartier des Champs-Élysées.

Champs-Élysées, le Cirque-National et tous les
    Pavillons.
Avenue des Champs-Élysées, 12, 15, 23, 73, 74, 87,
    93, 114, 134, 144, 158.
Avenue de Marigny, 7, 11.
Rue Rousselet, 4.
    Matignon, 7, 11, 17, le corps-de-garde.
    du Cirque, 14.

2e ARRONDISSEMENT.

Quartier du faubourg Montmartre.

Rue de Rougemont, 1, 2.
    Grange-Batelière, 8, 9, 10, 12.
    du Faubourg-Montmartre, 32.
    Geoffroy-Marie, 6.

Rue Richer, 16, 19, 34, 34 *bis*, 46.
Lamartine, 10, 10 *bis*.
Rochechouart, 36.
de la Tour-d'Auvergne, 15, 9.
des Martyrs, 27, 29, 47, 53, 60.
Neuve-des-Martyrs, 10.
Bréda, 26.
de la Rochefoucauld, 41, 43, 49.
de Laval, 7, 9, 13, 17, 19, 21, 26.
Pigale, 46, 50, 52, 77.
Notre-Dame-de-Lorette, 7, 9, 25, 32, 36.
Neuve-Saint-Georges, 11, 13, 15.
de la Victoire, 5, 5 *bis*.
Chauchat, 14, 16, 22, 24.
de la Boule-Rouge, 8, 10, 12.
Neuve-Trévise, 2, 8, 10, 12.
Passage Jouffroy.
Passage Verdeau.
Bâtiments de l'Octroi à la barrière Blanche.

Quartier de la Chaussée-d'Antin.

Rue Laffitte, 1, 2, 3, 3 *bis*, 15 *bis*.
de Choiseul, 27, 29.
de la Chaussée-d'Antin, 1, 3, 13, 45.
Blanche, 1, 40, 42, 44, 50, 52, 83, 90.
Boursault, 8, 9, 11, 14, 16, 17.
Chaptal, 22.
d'Aumale, 9, 11, 15.
Cité Gaillard, 2, 4, 10, 11, 12, 14, 20, 21 *bis*, 23.

Quartier Feydeau.

Rue d'Antin, 13.

Rue Gaillon, 22.
    Vivienne, 33, 37.
    Saint-Marc, 2, 6.
Boulevard Montmartre, 1, 2, 3, 11, 12, 13, 15.
Rue de la Bourse, 4, 6, 8.
    Richelieu, 4.

3ᵉ ARRONDISSEMENT.

Quartier du faubourg Poissonnière.

Rue Lafayette, 3, 20, 22, 25, 27, 55.
    de Denain, 8.
    du Nord, 15, 20.
    de Saint-Quentin, 10, 12.
    des Petits-Hôtels, 14.
    de Chabrol, 10, 12.
    de Paradis-Poissonnière, 19, 10.
Boulevard Poissonnière, 2, 4, 5, 7, 7 *bis*, 8, 10,
    12, 20.
Clos Saint-Lazare, Hôpital de la République.
Chemin de fer, gare du Nord.
Rue du Faubourg-Poissonnière, 27, 29, 36.
Passage Violet, 6.

Quartier du Mail.

Rue Montmartre, 12, 26, 111, 121, 130, 149,
    55, 57.
    des Jeûneurs, 1, 6, 8, 30, 33, 39.
    du Gros-Chenet, 2, 4.
    des Vieux-Augustins, 18, 20.
    Notre-Dame-des-Victoires, 3, 5, 35; plus les
    Messageries Nationales.

Rue Neuve-Saint-Pierre, 1, 2, 3.
    de la Banque, 4, 11, 13, 20, 22, 27, 26; le
      Timbre.
    Montorgueil, 63.

4e ARRONDISSEMENT.

Quartier du Louvre.

Rue Saint-Germain-l'Auxerrois, 2.
    Saint-Honoré, 164, 167.
    Saint-Denis, 88, 90.

5e ARRONDISSEMENT.

Quartier du faubourg Saint-Denis.

Rue du Faubourg-Saint-Denis, 21, 98, 206, 210
    et l'octroi.
Boulevard Saint-Denis, 4.
Boulevard Bonne-Nouvelle, 17, 18, 19, 25, 26, 28.
Le marché Saint-Laurent.

Quartier de la Porte-Saint-Martin.

Rue de Lancry, 11, 17.
    de Bondy, 13.
    Neuve-Saint-Nicolas, 16, 22.
    de Chastillon, 23, 28, 29.
    de la Butte-Chaumont, 4.
    du Faubourg-Saint-Martin, 155, 157.
    Fontaine-au-Roi, 15.
Quai Jemmapes, les ateliers de M. Guillot.
    Valmy, constructeur de wagons; 175, grand
      dépôt de produits chimiques.

6e ARRONDISSEMENT.

Quartier du Temple.

Rue Meslay, 21.
    d'Angoulême, 2.
    du Haut-Moulin, 8, 10, 12.
    Fontaine-au-Roi, 9, 36.
    des Trois-Bornes, 23, 24.
    de Vendôme, 2.
Boulevard du Temple, 29, 31, 90, 92.
L'octroi de la barrière de Belleville.
Rue Rambuteau, 62, 73, 122.
    Saint-Martin, 87.
    des Quatre-Fils, les Archives Nationales.

8e ARRONDISSEMENT.

Quartier du Marais.

Rue des Tournelles, 88, 90.
    Neuve-Ménilmontant, 15.
    des Filles-du-Calvaire, 5.
Boulevard Beaumarchais, 4, 6, 7, 8, 9, 43, 45, 50,
    52, 57 *bis*, 57 *ter*, le Théâtre, et 8 maisons
    non numérotées.
Rue des Filles-du-Calvaire, 2 maisons non numé-
    rotées.

9e ARRONDISSEMENT.

Quartier de l'Hôtel-de-Ville.

Rue de Constantine, 11, 12, 16, 18.
    de la Cité, 10.

Quai de la Grève, 28, 34.
     des Ormes, 68, 70, 72, 74.
La Morgue.

Quartier de l'Arsenal.

Rue Contrescarpe, 14, 48, 60.
     de la Planchette, 46.
Boulevard Bourdon, 4.

10e ARRONDISSEMENT.

Quartier des Invalides.

Rue de l'Université, 49, 107, 109.
     d'Iéna, 13.
     Saint-Dominique, 121, 123.
     Massérant, 3.
     de Sèvres, 102.
     Mayet, 8, 11, 12, 16, 21.
1847. Le Ministère des affaires étrangères.
     L'Hôtel de la Présidence.
1840. L'ancienne Chambre des Députés.
1848. La salle provisoire de l'Assemblée nationale,
     l'Institut national des Aveugles, l'église
     Saint-Pierre du Gros-Caillou.

Quartier Saint-Germain.

Rue de Bellechasse, 21, 25, 27.
     de Lille, 49, 55, 87, 88 *ter*, 90, 90 *bis*.
Quai d'Orsay, 29, 31.
Rue de Babylone, 30, 32, 34, 36.
     de Bussy, 18.
1837. Palais du quai d'Orsay, Archives de la Cour

des Comptes, Archives historiques du dépôt général.

1847. Dépôt des cartes et plans de la salle des séances de l'Institut, palais des Beaux-Arts,
bâtiment neuf de l'Hôpital de

11ᵉ ARRONDISSEMENT.

Quartier du Luxembourg.

Rue de l'Ouest, 28, 30.
　　Stanislas, 4, 8.
　　du Mont-Parnasse, 2, 10.
Boulevard Mont-Parnasse, 7.
La gare du chemin de fer de Versailles (rive gau-
che).

12ᵉ ARRONDISSEMENT.

Quartier du Luxembourg.

Rue de l'Est, 21, 27, 29, 31.
　　du Val-de-Grâce, 6.
Boulevard de l'Hôpital, 137, 151.
L'octroi de la barrière d'Enfer, la gare du chemin
de fer de Sceaux.

1844. La gare du chemin de fer d'Orléans, la sacris-
tie de l'église Saint-Étienne-du-Mont.

1838. La galerie de minéralogie au Jardin-des-
Plantes.

TABLE DES MATIÈRES

CHAPITRE X.

VOITURES DE PLACE, DE LUXE, TAPISSIÈRES, WAGONS COUVERTS EN ZINC.

CHAPITRE XI.

EMPLOI DU ZINC ESTAMPÉ ET REPOUSSÉ POUR CLOCHETONS, GIROUETTES, CRÊTES DE FAITAGE, ORNEMENTATIONS DIVERSES.

CHAPITRE XII.

EMPLOI DU ZINC LAMINÉ POUR DEVANTURES ET MONTRES DE MAGASIN.

CHAPITRE XIII.

OBJETS DE MÉNAGE ET USTENSILES DE TOUTE ESPÈCE EN ZINC LAMINÉ.

CHAPITRE XIV.

TOILES MÉTALLIQUES, GRILLAGES EN FIL DE ZINC, TAMIS, CRIBLES ET EMPLOI DE ZINC PERFORÉ.

CHAPITRE XV.

NETTOYAGE ET PEINTURE DU ZINC.

CHAPITRE XVI.

DOUBLAGE DES NAVIRES EN ZINC.

CHAPITRE XVII.

COUVERTURES EN ZINC.

FIN DE LA TABLE.

Paris. — Imprimerie de G. GRATIOT, 11, rue de la Monnaie.

www.ingramcontent.com/pod-product-compliance
Lightning Source LLC
LaVergne TN
LVHW012004170726
843503LV00001B/224